云南省博物馆 编

云南省博物馆馆藏青铜器保护修复报告

文物出版社

图书在版编目（CIP）数据

云南省博物馆馆藏青铜器保护修复报告 / 云南省博物馆编. -- 北京 : 文物出版社, 2024. 8. -- ISBN 978-7-5010-8539-2

Ⅰ. K876.41

中国国家版本馆CIP数据核字第2024TF7850号

云南省博物馆馆藏青铜器保护修复报告

编　　者：云南省博物馆

责任编辑：耿瑷洁
责任印制：张　丽
出版发行：文物出版社
社　　址：北京市东城区东直门内北小街2号楼
邮　　编：100007
网　　址：http://www.wenwu.com
邮　　箱：wenwu1957@126.com
经　　销：新华书店
印　　刷：文物出版社印刷厂有限公司
开　　本：889毫米×1194毫米　1/16
印　　张：14
版　　次：2024年8月第1版
印　　次：2024年8月第1次印刷
书　　号：ISBN 978-7-5010-8539-2
定　　价：280.00元

编委会

目录

前 言

云南省博物馆成立于1951年，是云南省最大的综合性博物馆，占地面积150亩，建筑面积60000平方米，展厅面积达16500平方米，是首批国家一级博物馆（图1）。云南省博物馆自建馆以来，就以保护、传承优秀历史文化为己任，集文物征集、收藏、研究、展示、教育、服务于一身，是云南省最大的文物收藏单位，同时也是云南省可移动文物数量最多、最具实力的研究机构和文物鉴定机构。建馆以来，经过考古发掘、调查征集、社会收购和接受捐赠等方式，云南省博物馆已经收藏了青铜器、古钱币、陶瓷器、古书画、碑帖、邮票及各类工艺品。截至2023年10月30日，云南省博物馆馆藏文物230903件（套），其中一级文物509件（套），二级文物1396件（套），三级文物12432件（套）。这些珍贵的文物藏品独具地方特色，是云南地区历史文化的实物代表。

青铜器是云南省博物馆最重要也是最有特色的藏品之一，藏品总数近4000件（套），其中以晋宁石寨山、江川李家山、楚雄万家坝、祥云大波那、呈贡天子庙、官渡羊甫头等地墓葬出土的青铜器居多。器物可分为兵器、乐器、生产工具、生活用具、装饰品等类别，在造型和纹饰上与中原文化有着很大的区别，如兵器中的仿生式兵器——蛙形铜矛、牙刺形铜棒、蛇头形铜叉、鸟头形铜钺等；生活用具中最典型、最独特的要算贮贝器。贮贝器是滇国特有的贮放贝币的青铜器，是一种带盖的筒形器，器盖或器身腰部多有动物或人物装饰，动物以牛的数量最多，有1牛、2牛、3牛、

图1 云南省博物馆外景

4 牛、5 牛、6 牛、7 牛不等，更精彩的是盖面上的人物场面，有战争、祭祀、纺织、纳贡、上仓、狩猎、驯马、舞乐、宴饮、农作等，涉及当时社会生活中的各个方面。人物从几人到几十人不等，腰部多有动物耳，器底有的为人形三足。其中战争场面贮贝器、鎏金骑士贮贝器、杀人祭柱场面贮贝器等是滇青铜器中的重器，特别珍贵。装饰品中有数量不少的青铜扣饰，这些扣饰多以动物或人物浮雕组成，动物扣饰以动物间捕捉、吞噬和互搏为主，如虎牛搏斗铜扣饰、二豹噬猪铜扣饰等，人物扣饰有二人盘舞铜扣饰、八人乐舞铜扣饰等。这些青铜文物造型精美，在很大程度上反映出古滇国时期生产、生活、艺术、信仰、军事、政治、冶金等方面的成就，是研究古滇国历史文化的重要实物资料。限于发掘时保护技术、经费及时间等原因，许多器物出土后只是做了简单的处理。随着时间的推移和自然环境的影响，这些青铜文物在保存过程中出现矿化、有害锈蔓延、断裂等病害，严重威胁青铜文物安全，保护修复工作迫在眉睫。

云南省博物馆自建馆以来就非常重视文物保护工作，2005 年成立云南省文物保护中心，青铜文物的保护修复一直以来是云南省博物馆文物保护中心重要的业务工作之一。2019 年，我们选取了以晋宁石寨山、江川李家山为主的 467 件（套）青铜文物，编制《云南省博物馆馆藏青铜文物保护修复方案》及《云南省博物馆馆藏一级青铜文物保护修复方案》并申报。一级文物修复方案经国家文物局批准后实施，二、三级文物修复方案经云南省文物局批准后实施，2023 年完成全部 467 件（套）青铜文物的保护修复工作。项目实施过程严格按照相关规范及文物保护修复原则，根据每件文物的特点，有针对性地进行保护修复。在传统保护修复技术与工艺的基础上，利用便携式 X 射线荧光分析仪、X 射线衍射仪、X 射线探伤仪、超景深显微镜、离子色谱仪、内窥显微镜、扫描电镜能谱仪等仪器设备，对青铜文物的结构成分、锈蚀等进行了检测分析，利用三维扫描仪对部分文物进行了三维扫描，完成文物信息提取，并为有纹饰文物绘制二维线图。现代化设备和技术的介入确保了青铜器保护和修复的科学性和精确性。通过这项工作，云南省博物馆青铜文物保护修复的实践及科研能力得到进一步提高，为本馆展陈、社会教育和科学研究等各项工作的深入打下坚实基础。

本报告是云南省博物馆青铜文物保护修复工作和相关研究成果的实例汇编，希望为以后同类型工作的开展提供有价值的参考。

一　文物保存状况调查

（一）文物基本信息

晋宁石寨山墓葬遗址和江川李家山墓葬遗址是云南地区比较重要的考古发现，是滇文化的典型代表。此次拟保护修复的青铜器共 467 件（套），包括晋宁石寨山墓葬出土铜器 411 件（套）、江川李家山墓葬出土铜器 53 件（套）及其他墓葬出土铜器 3 件（套），其中一级文物 3 件（套），二级文物 73 件（套），三级文物 391 件（套）。器形有锄、斧、铲、戈、剑、矛、枕、俑、杖头、扣饰、杯、贮贝器、狼牙棒等。

（二）文物保存环境

目前，这批青铜器主要存放于云南省博物馆库房，少部分陈列于二楼青铜器展厅。在老馆保存时，文物的保存条件较落后，库房和展厅均无空气调节和空气过滤净化设备，不能达到恒温恒湿要求。库房建筑面积狭小、通风不良、湿度波动较大。青铜器存放密集，部分青铜器病害交叉传染，使青铜器粉状锈易扩散。

云南省博物馆新馆文物库房位于地下一层，占地面积约 9000 平方米，由中央数控系统按文物材质要求分区域控制温湿度、照度等环境因素。青铜器库房占地 280 平方米，基本做到恒温恒湿，但保护过与未保护过的青铜器并未分区隔离放置，且部分青铜器裸露放置，缺乏必要的文物包装（图 2）。

图 2　云南省博物馆青铜器库房

图3　云南省博物馆青铜器展厅

青铜器展厅位于云南省博物馆二层，青铜器展品陈列于展柜内，空调为舒适性空调，温、湿度受外界环境影响波动较大（图3）。

（三）文物保存现状调查

这些青铜文物出土时多已残破、变形、锈蚀，出土后经过简单的修复就进入博物馆库房或展厅，有的青铜文物保护修复所用材料已经老化，有的青铜文物只对其进行了日常清洁。几十年过去了，由于博物馆保存环境条件有限，其中有相当一部分青铜文物已出现不同程度、不同种类的病害，表面硬结物、矿化、锈蚀、穿孔等日益严重，有害锈蔓延，部分青铜文物精美的纹饰因锈蚀加剧、破裂严重等原因而难以辨认。如再不进行及时的保护和修复，这些文物的价值将大打折扣。

1. 病害统计

我们对467件（套）青铜文物进行了逐一的初步病害调查和个体情况分析，结果见青铜文物病害统计表（附录）。其中463件（套）文物表面存有硬结物、土垢及各种颜色的锈蚀物，掩盖了文物信息并影响了其艺术价值，7件（套）文物出现了点腐蚀且有蔓延趋势，34件（套）文物碎裂、断裂，187件（套）文物有残缺，32件（套）文物变形，48件（套）文物有裂隙，145件（套）全面腐蚀，21件（套）文物有孔洞，25件（套）文物有层状堆积，63件（套）文物修复材料老化，308件（套）文物有不同程度矿化。

2. 部分器物典型病害照片

（1）表面硬结物（图 4 ~ 7）

图 4　西汉虎噬猪铜扣饰（石甲 M7 ： 31）

图 5　西汉三足铜釜（江李 M26 ： 5）

图 6　西汉无格铜剑（江李 M1 ： 22）

图 7　西汉八牛铜贮贝器盖（石十七 12）

（2）有害锈（图 8 ~ 11）

图 8　西汉羊角纽铜钟（石甲 M6 ： 125）

图 9　西汉无格铜剑（石甲 M6 ： 79）

图 10　西汉猎首纹铜剑柄残件（石四 38A）

图 11　西汉铜镦（石甲 M3 ： 9）

(3) 碎裂、断裂（图 12 ～ 15）

图 12　立牛铜伞盖（江李 22 ： 8）碎裂

图 13　铜伞盖（江李 M23 ： 28）碎裂

图 14　西汉镀锡虎纹铜剑（石甲 M6 ： 46）断裂

图 15　西汉铜绕线板（石甲 M1 ： 21）断裂

(4) 残缺（图 16 ~ 19）

图 16　西汉鸟纹太阳纹铜斧（石甲 M5 ： 29）

图 17　西汉宴乐籍田铜鼓形贮贝器（石甲 M12 ： 2）

图 18　西汉祭祀人物铜鼓形贮贝器（石甲 M1 ： 57A）

图 19　西汉铜牛头残件（石甲 M11 ： 23）

(5) 变形（图 20 ~ 23）

图 20　西汉虎耳五牛铜贮贝器（石甲 M20 ： 4）

图 21　西汉镀锡带柄铜伞盖（石甲 M6 ： 4）

图 22　立牛盖铜壶（江李 M18 ： 2）

图 23　西汉铜剑鞘头（石甲 M3 ： 147-2 / 石三 90）

（6）裂隙（图 24 ~ 27）

图 24　西汉镀锡铜扣饰（石甲 M6 ： 24）

图 25　西汉铜鼓（石甲 M16 ： 3）

图 26　西汉铜杯（石甲 M1 ： 6-1）

图 27　西汉镀锡鸳鸯铜戈（石甲 M3 ： 87）

（7）全面腐蚀（图 28 ~ 31）

图 28　西汉镀锡铜锛（石甲 M6 ：104-2）

图 29　西汉叶脉纹铜锄（石甲 M6 ：94-1）

图 30　西汉带鞘铜剑（石甲 M3 ：28）

图 31　西汉叶脉纹铜锄（石甲 M6 ：94-2）

（8）孔洞（图 32 ~ 35）

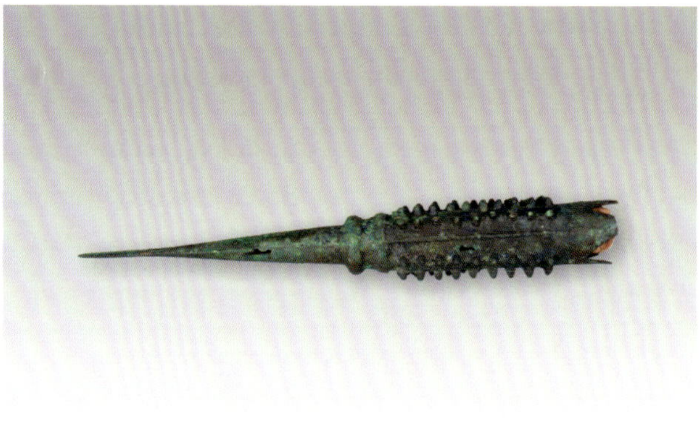

图 32　战国铜矛头狼牙棒（江李 M21 ：93）

图 33　战国巫师铜鱼杖头（江李 M24 ：1）

图 34　西汉八棱铜狼牙棒（石甲 M7 ： 3）

图 35　西汉二兽争鱼铜戈（石甲 M12 ： 12）

（9）层状堆积（图 36 ~ 39）

图 36　西汉铜镦（石甲 M3 ： 153）

图 37　西汉铜牛头（石甲 M4 ： 11）

图 38　西汉铜鱼杖头（M3 ： 156 / 石三 103）

图 39　西汉一字格铜剑（石甲 M6 ： 77）

(10) 修复材料老化(图 40 ~ 43)

图 40　西汉铜女俑杖头(石甲 M1 ：58-2 / 石 - 47)

图 41　西汉长方形铜扣饰(石甲 M4 ：12)

图 42　战国立牛铜伞盖(江李 M21 ：54)

图 43　西汉圆形鸟啄舞蹈人纹铜扣饰(昆双 54A)

（11）矿化（图 44 ~ 47）

图 44　西汉立牛铜枕（石甲 M16 ： 6）

图 45　西汉铜持伞女俑（石甲 M20 ： 2）

图 46　西汉猴鹿兔狗猪铜扣饰（石三十三石 10）

图 47　西汉铜牛头（石甲 M3 ： 104 ／石三 72-1）

二 保护修复原则及技术路线

（一）保护修复原则

1. 最小干预原则

严格履行文物保护修复方案，在保证器物物理化学性能稳定的基础上，应尽可能少添加人为的因素，合理谨慎使用化学试剂和材料。同时保证文物本体的原有形制和结构不变，在保护修复时尽量在操作工艺上与原器物工艺一致。

2. 保持原状原则

保持原状也就是保持文物历史真实性和艺术性原则。对于粘接、补配、做旧等修复工序，避免主观想象，要依据历史、考古学的证据，补全前应对文物的艺术风格进行研究，并与类似的器物进行对比。表面封护材料应无色、透明、无明显光泽，不对文物造成新的破坏，文物整体协调。

3. 可再处理性原则

在进行保护修复时，无论处理方法还是所用材料，都应该充分考虑到可重复操作性，即修补部位易于拆除，修复材料能够更换，并且重复操作时，基本不影响器物的原始材料，尽可能不影响以后的修复保护工作。

4. 科学性和安全性原则

严格按照成熟工艺和材料的使用原则进行操作，在确保文物安全的前提下先进行局部实验，效果良好后才能使用。选用材料不应因为本身老化等原因对器物产生不良影响，应尽量选择无毒或低毒材料或试剂，并配备必要的安全措施。处理过程不应对器物及操作人员有任何伤害。

根据以上原则，在全面观察分析的基础上，以“保护现状、修复原状、消除隐患、维持稳定”为宗旨，在充分做好前期研究和检测分析的基础上，针对不同的损坏原因采取适合的保护处理方法，以达到长期稳定保存的目的。

（二）保护修复技术路线

依据文物保护修复的基本原则，我们制定了保护修复的技术路线：文物移交→影像采集→文物基本信息、保存现状调查→科学检测分析→表面清理除锈、有害锈处理→加固→粘接补配→缓蚀→烘干→封护→协色→完善档案（图 48）。现场根据每件文物的特性调整文物的具体修复步骤。

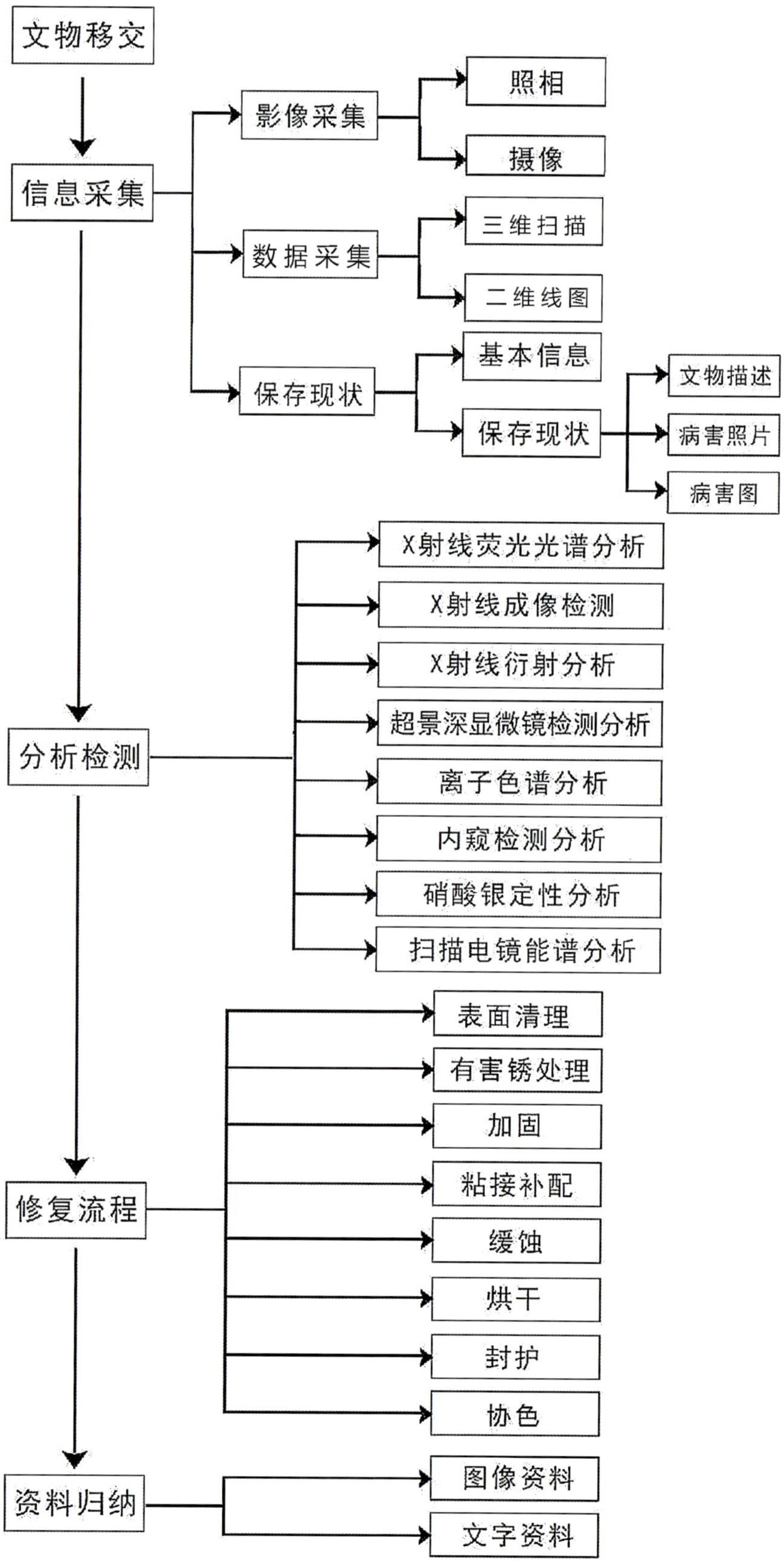

图 48　文物保护修复技术路线图

三　数据采集

（一）三维扫描

利用三维激光扫描、高清纹理拍摄、3D 数字建模等先进的数字化技术，对云南省博物馆青铜文物修复项目中 60 件（套）文物修复前后的信息进行全方位的数据采集。

1. 技术流程（图 49）

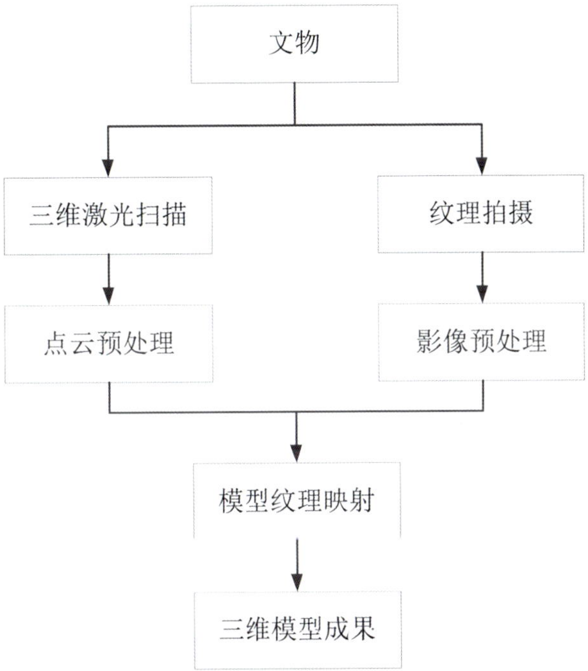

图 49　文物数据采集技术流程图

2. 实施步骤

（1）运用三维激光扫描技术，对文物进行扫描，获取文物精细点云数据，对点云数据进行去噪、封装等处理，生成模型数据；

（2）运用高清纹理拍摄技术，获取文物纹理影像数据，经过校色等处理后，生成纹理影像数据；

（3）利用三维软件，对模型进行编辑，拆分UV等，再通过纹理拟合技术，对纹理及模型数据进行拟合处理，获取带有纹理的三维模型成果；

（4）获取的高精三维模型成果存档入库，存储为通用数据格式，以备将来不同工作中应用。

3. 最终交互案例（图 50 ~ 55）

图 50　西汉宴乐籍田铜鼓形贮贝器（石甲 M12 ： 2）

图 51　西汉二牛铜枕（石甲 M15 ： 9）

图 52　戴冠人物铜钺（石十六 2A）

图 53　西汉八牛铜贮贝器盖（石十七 12）

图 54　西汉铜剑鞘头（石甲 M3 ： 147–1）

图 55　西汉铜执伞女俑（石甲 M12 ： 3）

（二）二维线图

选取有纹饰的文物绘制二维线图（图 56 ~ 65），留取影像资料，为云南省博物馆展览展示提供素材。

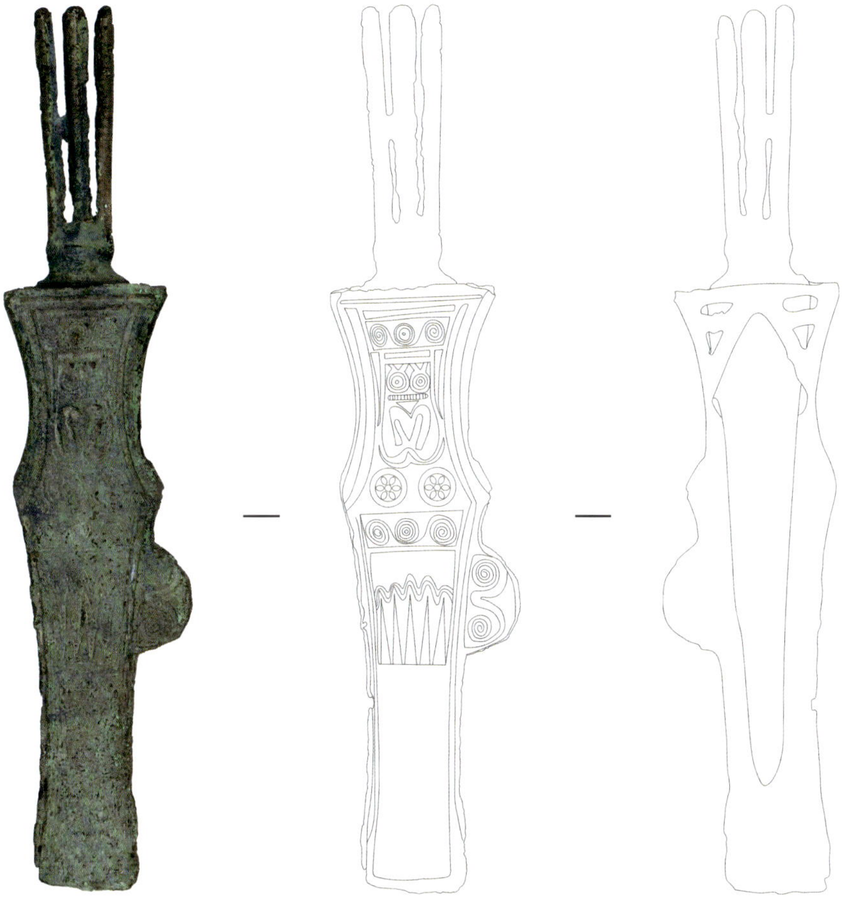

图 56　战国带鞘铜剑（江李 M23 填土）

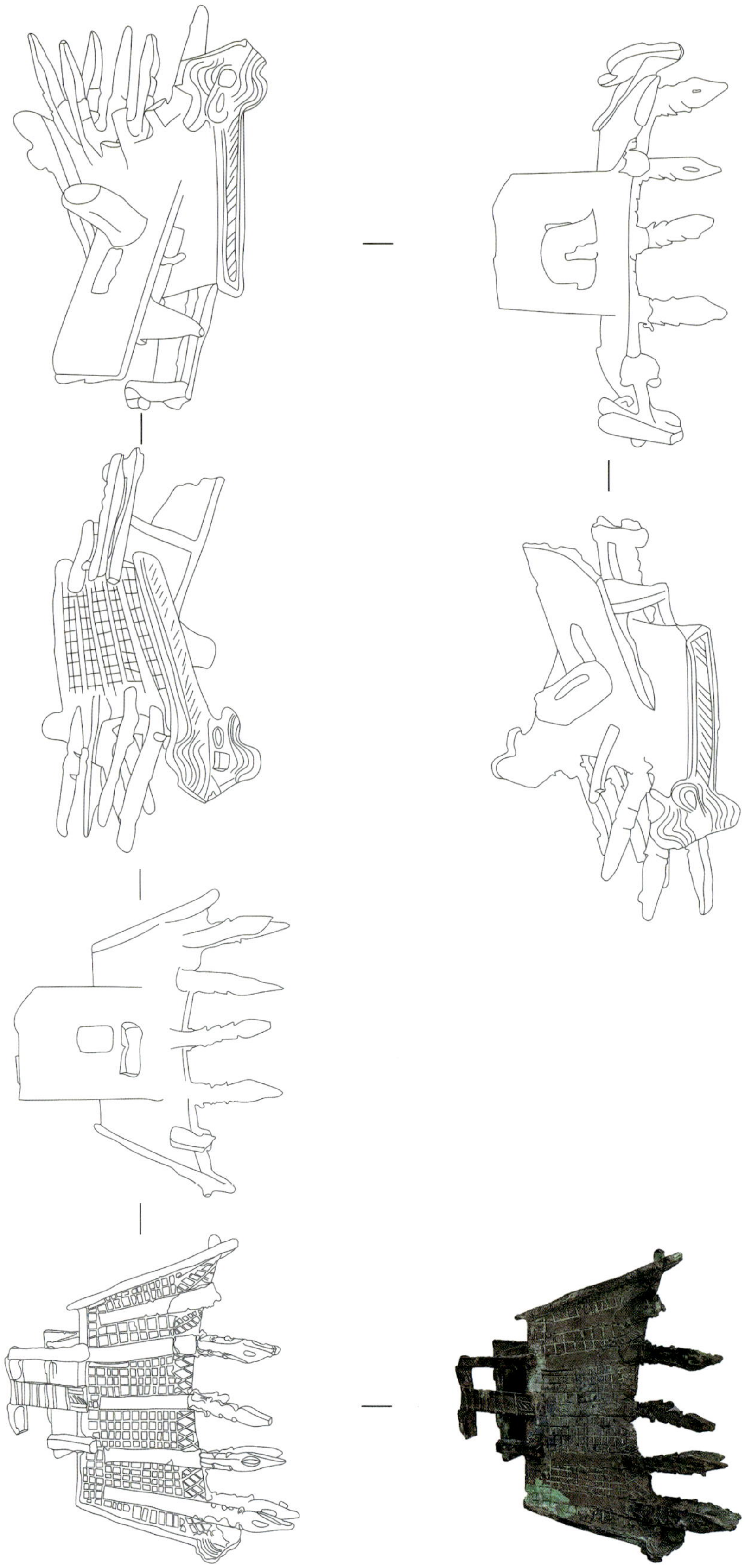

图57 战国房子模型铜扣饰（江李 M21：19）

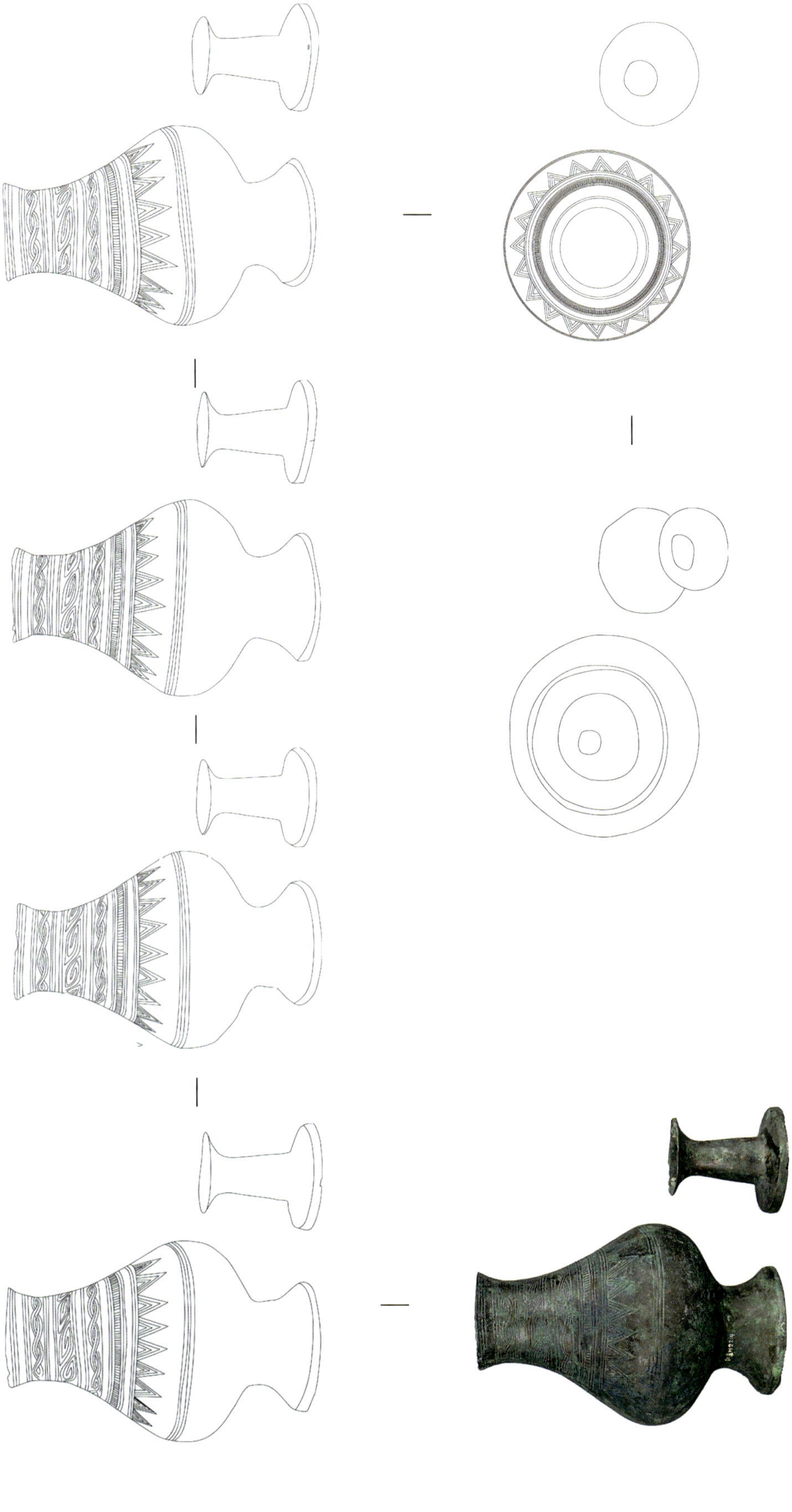

图58 战国带盖铜壶（江李 M22：4）

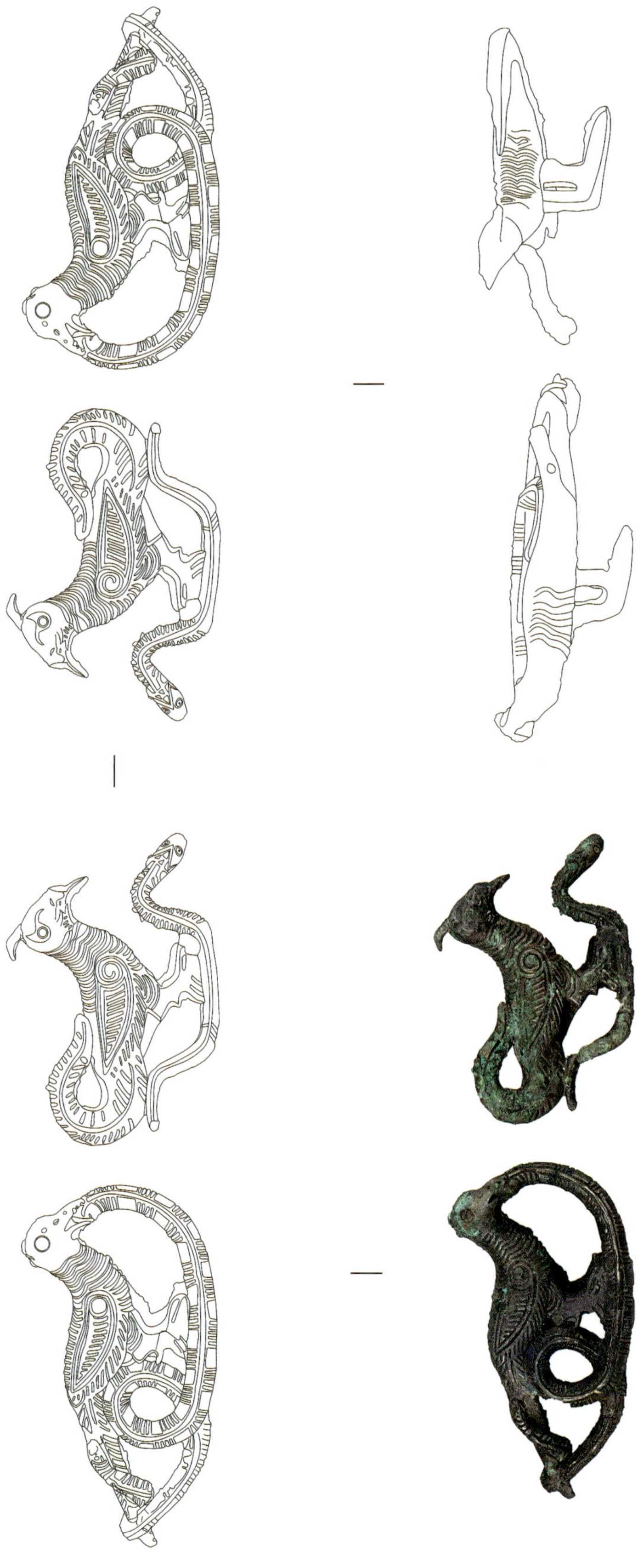

图59 战国雉鸡衔蛇铜扣饰（江李 M24：91）

图 60　战国镀锡铜刷形器（江李 M24 ： 65）

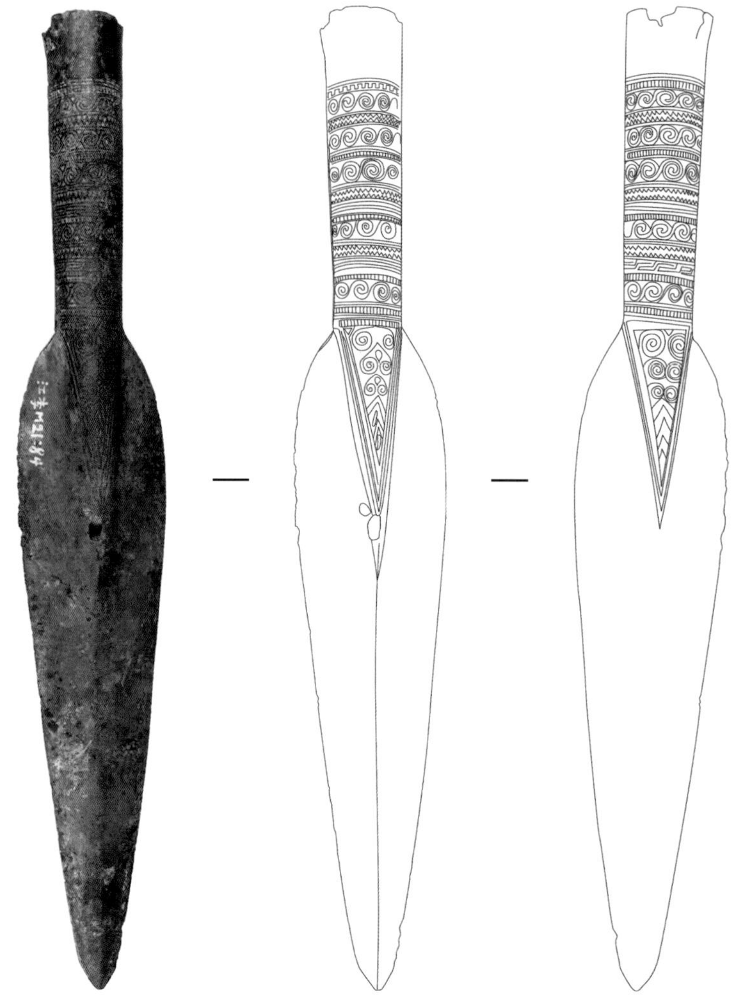

图 61　战国镀锡铜矛（江李 M21 ：84）

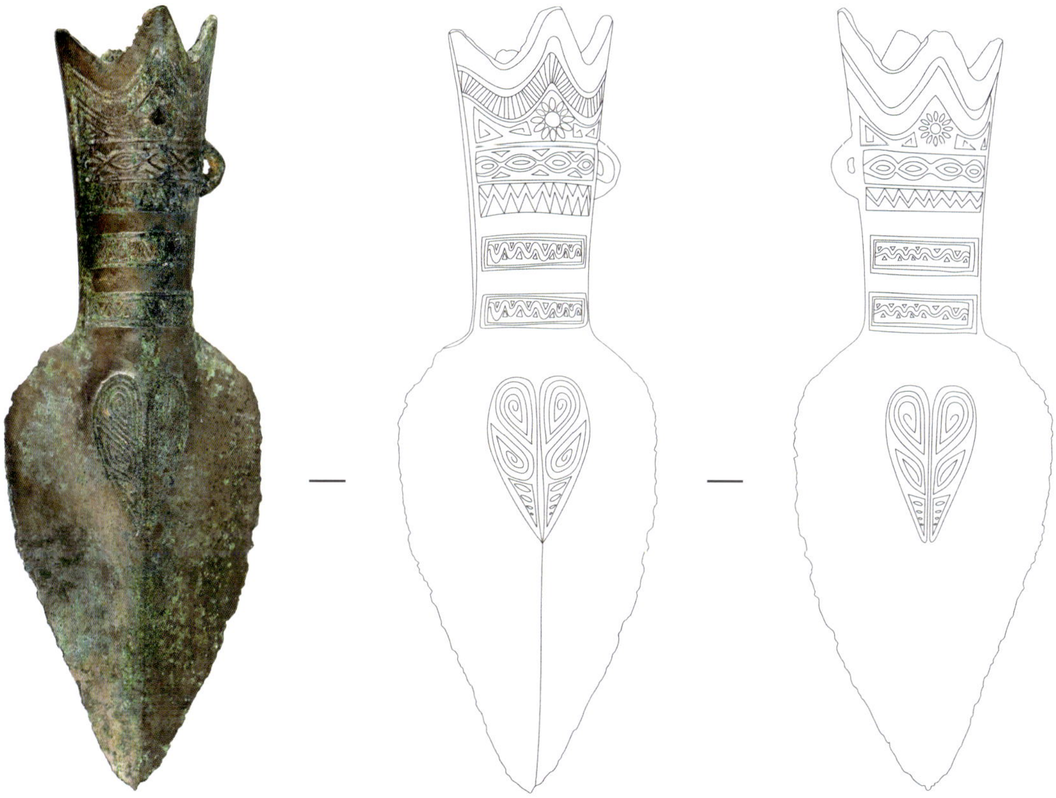

图 62　战国镀锡单栓铜矛（江李 M24 ： 31）

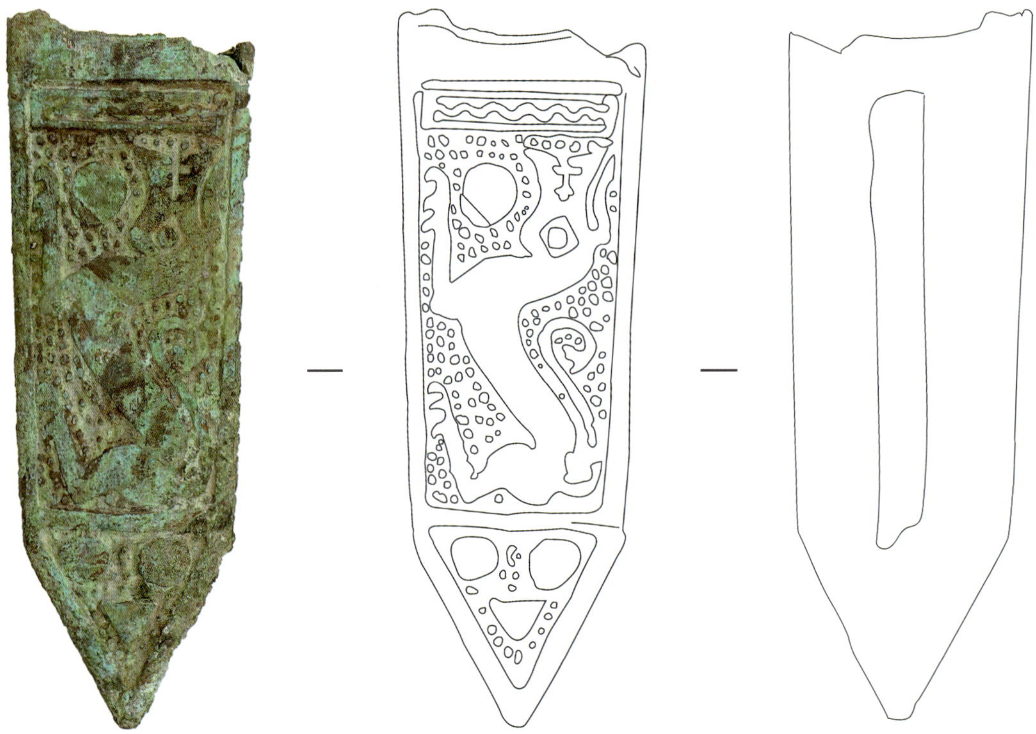

图 63　西汉铜剑鞘头（石甲 M3 ： 147-1）

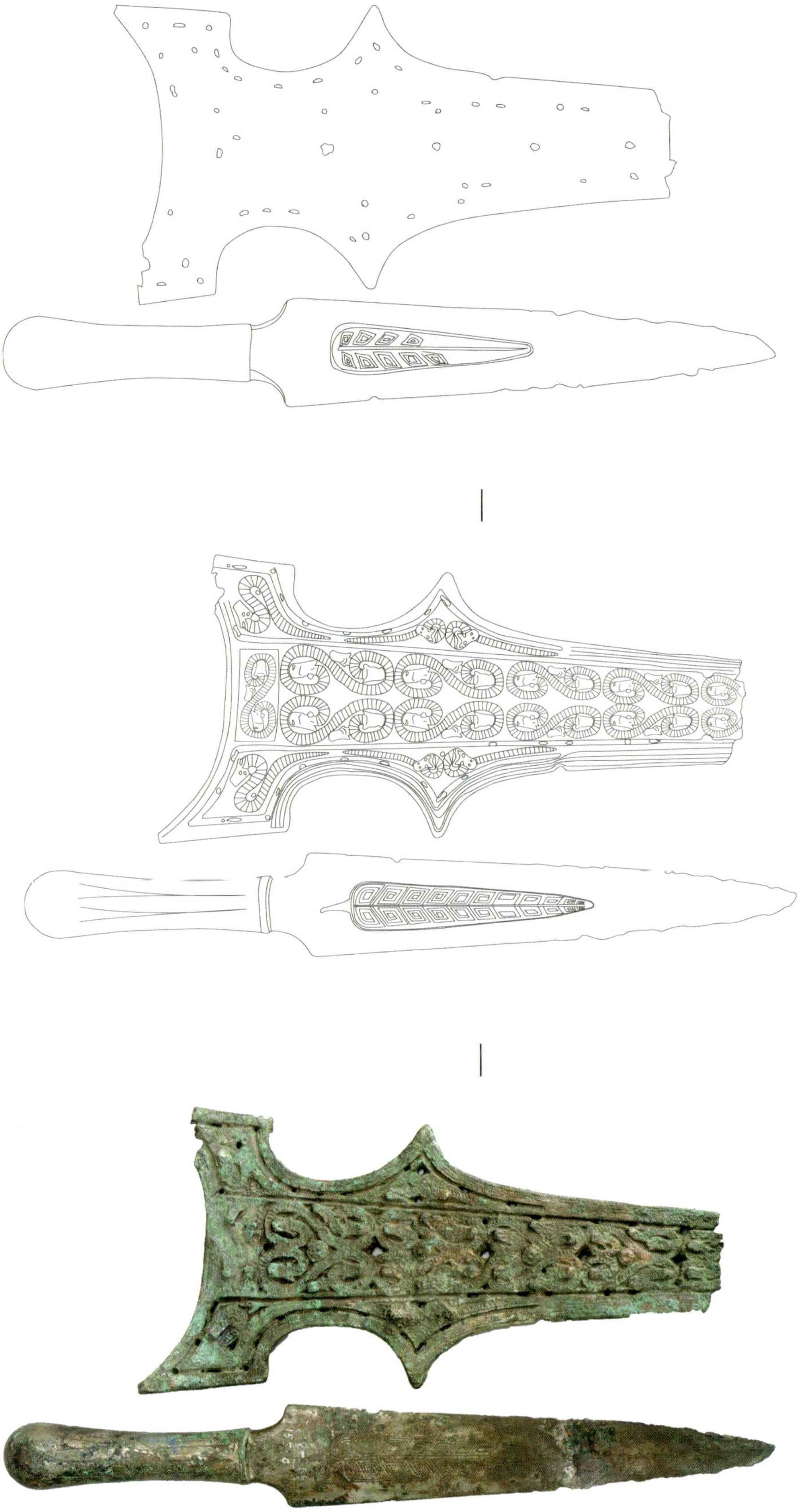

图 64 西汉带鞘铜剑（石甲 M3：28）

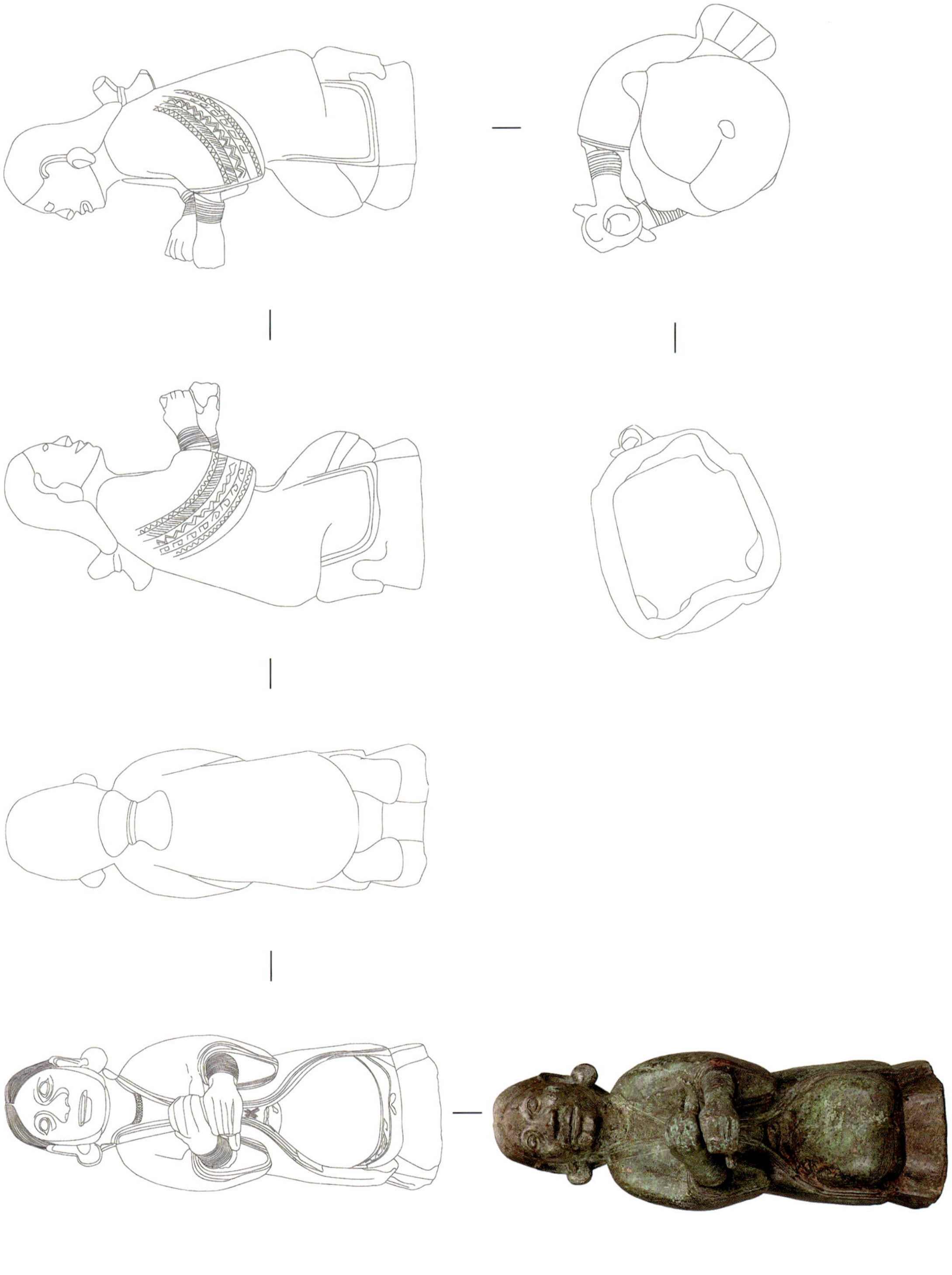

图65　西汉铜持伞女俑（石甲 M20：2）

四　检测分析

根据467件（套）青铜文物的实际情况，采用X射线荧光光谱仪、扫描电镜能谱仪、X射线成像仪、X射线衍射仪、超景深显微镜、离子色谱仪、内窥显微镜等仪器进行检测分析，分析青铜器及其锈蚀产物的组织形貌、化学成分、锈蚀类型和结构等，旨在更好地掌握该批青铜文物的制作工艺和病害情况，为青铜器保护修复方案提供技术支持。

（一）X射线荧光检测

利用德国Bruker手持式X荧光光谱仪及美国Thermo Scientific手持式荧光光谱仪对467件（套）文物进行X射线荧光合金分析检测。通过对青铜文物基体的成分检测，可以初步确定其合金类型和合金元素，后续还进行了部分器物的能谱检测，进一步了解这批器物制作工艺合金的配比，对本项目的保护修复过程给予科学的指导。以2%作为判断其主要合金类型的标准，通过对这467件（套）文物的XRF检测，分析结果如下：

1. 江李53件（套）铜器中，有铜锡合金器物33件（套）、红铜材质器物1件（套）、铜锡铅合金器物17件（套）、铜锡砷合金器物1件（套）、铜铅合金器物1件（套）。其中器物的含铜量范围为45.28% ~ 94.46%，含锡量范围为1.68% ~ 61.7%，含铅量范围为0.05% ~ 14.64%，含砷量范围为0.23% ~ 2.02%，此外还有少量铁、钴、锑、硫等杂质元素。具体材质占比情况如图66所示，

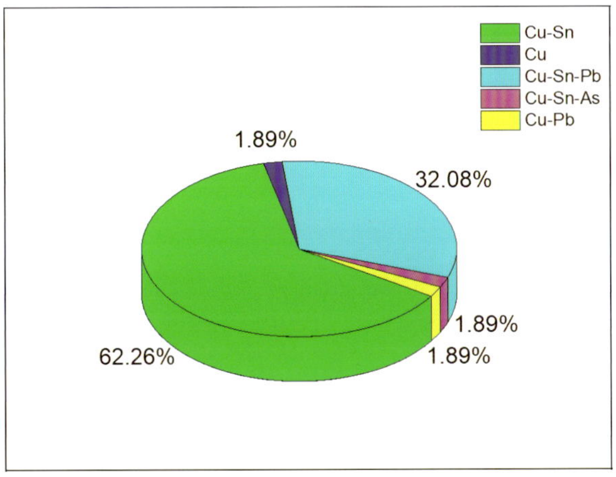

图66　江川李家山墓葬出土青铜器具体材质占比饼图

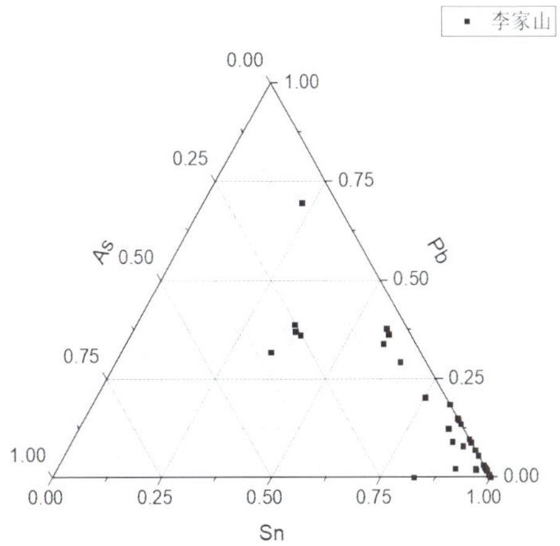

图67　江川李家山墓葬出土青铜器锡、铅、砷元素含量占比三元图

锡、铅、砷元素的含量占比如图 67 所示（已经过归一化处理）。可以发现，李家山铜器以铜锡二元合金材质和铜锡铅三元合金材质为主，这两种材质占到总检测数量的 95% 左右。

2. 石甲 411 件（套）铜器中，有铜锡合金器物 296 件（套）、红铜材质器物 15 件（套）、铜锡铅合金器物 90 件（套）、铜锡砷合金器物 3 件（套）、铜铅合金器物 7 件（套）。其中器物的含铜量范围为 17.46% ~ 98.83%，含锡量范围为 0.16% ~ 47.92%，含铅量范围为 0.03% ~ 60.76%，含砷量范围为 0.11% ~ 4.56%，此外还有少量铁、钴、锑、硫等杂质元素。具体材质占比情况如图 68 所示，锡、铅、砷元素的含量占比如图 69 所示（已经过归一化处理）。可以发现，石寨山铜器也是以铜锡二元合金材质和铜锡铅三元合金材质为主，这两种材质占到总检测数量的 94% 左右，和李家山铜器类似。

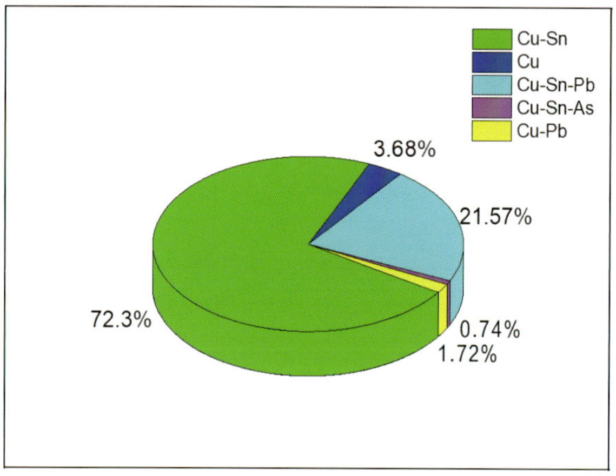

图 68 石寨山墓葬出土青铜器具体材质占比饼图

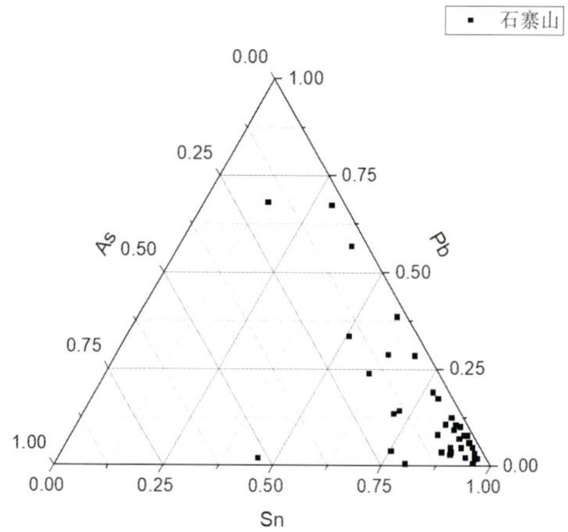

图 69 石寨山墓葬出土青铜器锡、铅、砷元素含量占比三元图

3. 昆双的铜锡合金 1 件（套）、昆阳磷矿和安宁太极山的红铜材质各 1 件（套），其中铅锡合金器物的锡含量达到了 41.33%，此外还有少量铁、钴、锑、砷、硫等杂质元素。

（二）扫描电镜能谱检测

使用 TESCAN VEGA3XMU 扫描电子显微镜及 OXFORD INCA x-act X 射线能谱仪对 88 件（套）文物样品进行显微形貌观察和成分分析，扫描电镜结果中有 51 个石寨山样品氧化程度不高，代表性强，该 51 个样品根据用途可分为四大类：兵器类、生产工具类、生活用具类及其他类。

1. 兵器类

本次分析的兵器类器物共计 26 件，包括 10 件铜矛、6 件铜戈、5 件铜剑、3 件狼牙棒、1 件铜

表 1 兵器类铜器成分表

序号	样品编号	器物编号	器物名称	主要成分 / (Wt%)							合金材质
				Cu	Sn	Pb	As	O	其他超过0.5元素	其余元素(S、Cl、Sb、Ni、Ag、Zn、Fe、Co、Bi、Au)	
1	23	石3 ： 48	立豹铜矛	85.61	8.67	0.07	0.2	2.92	Fe：1.06 S：0.92	0.55	Cu-Sn
2	465	石甲M3 ： 10/石三2-1.2	铜狼牙棒	78.66	16.59	0.38	0.18	3.61	Co：1.00	0.59	Cu-Sn
3	413	石甲M3 ： 45/石三30	人头柄铜剑	82.97	11.28	0.2	0.42	3.22	S：0.80	1.13	Cu-Sn
4	397	石甲M3 ： 102/石三129	单栓铜矛	87.57	7.18	0.11	0.37	3.27	S：0.78	0.71	Cu-Sn
5	609	石甲M3 ： 104/石三67-1	双栓铜矛	88.87	7.22	0.14	0.21	2.7		0.86	Cu-Sn
6	320	石甲M5 ： 22	铜镦	94.3	0.51	0.04	0.76	2.85		1.54	Cu
7	321	石甲M5 ： 6	铜戈	92.48	2.58	0.18	0.56	2.41	Fe：1.04	0.77	Cu-Sn
8	711	石甲M6 ： 20/石六12-3	铜矛	87.68	8.3	0.07	0.25	2.49		1.19	Cu-Sn
9	513	石甲M6 ： 29	人头柄铜剑	81.02	13.27	0.43	0.45	3.9		0.93	Cu-Sn
10	34	石甲M6 ： 46	镀锡虎纹铜剑	93.71	4	0.04	0.17	1.45		0.62	Cu-Sn
11	579	石甲M6 ： 62	一字格铜剑	81.68	12.81	0.11	0.16	5.07		0.8	Cu-Sn
12	535	石甲M6 ： 76	无格铜剑	75.55	14.65	0.81	0.48	7.36		1.17	Cu-Sn
13	668	石甲M6 ： 88	立牛铜矛	90.4	5.12	0.75	0.35	2.91		0.48	Cu-Sn
14	554	石甲M6 ： 90	镀锡曲援铜戈	80.05	11.58	0.42	0.5	6.18	S：0.51	0.75	Cu-Sn
15	601	石甲M6 ： 91-2	镀锡八棱铜棒	87.37	8.41	0.07	0.3	2.82		1.03	Cu-Sn
16	559	石甲M6 ： 97-1	铜狼牙棒	77.05	12.91	0.17	0.68	5.84	Sb：1.21 Fe：1.09 S：0.62	0.43	Cu-Sn(Sb)
17	566	石甲M6 ： 99	镀锡铜矛	90.97	5.56	0.15	0.29	2.23		0.81	Cu-Sn
18	863	石甲M7 ： 61-1	铜戈	88.09	6.34	0.6	0.63	2.65		1.7	Cu-Sn
19	798	石甲M10 ： 41	铜戈	89.34	6.24	0.17	0.51	2.72		1.02	Cu-Sn
20	36	石十二6	镀锡柳叶形大铜矛	81.45	13.1	0.86	0.09	3.69		0.79	Cu-Sn

（续表）

序号	样品编号	器物编号	器物名称	主要成分 /（Wt%）							合金材质
				Cu	Sn	Pb	As	O	其他超过 0.5 元素	其余元素（S、Cl、Sb、Ni、Ag、Zn、Fe、Co、Bi、Au）	
21	1115	石甲 M12 ： 21/石十二 17-2	举手人纹铜戈	77.52	17.12	0.22	0.13	3.89		1.13	Cu-Sn
22	931	石甲 M12 ： 31/石十二 33-3	镀锡柳叶形大铜矛	78.34	15.97	0.16	0.33	3.35	Fe：0.8	1.06	Cu-Sn
23	949	石甲 M12 ： 31/石十二 33-4	镀锡柳叶形大铜矛	80.29	14.72	0.15	0.57	3.13		1.15	Cu-Sn
24	1108	石甲 M12 ： 37/石十二 179-1A	鸟头形铜矛	81.79	13.49	0.05	0.23	3.5		0.95	Cu-Sn
25	1042	石甲 M13 ： 105 底 /石十三 183A	豹衔蛇铜钺	82.63	13.59	0.16	0.27	2.75		0.6	Cu-Sn
26	918	石 M33 ： 2	二虎纹铜戈	79.78	15.46	0.21	0.16	3.58		0.82	Cu-Sn

镦和 1 件铜钺。

检测结果如表 1 所示。以 2% 作为判断其主要合金类型的标准，可以发现，该 26 件器物样品有 25 件为铜锡二元合金，1 件为红铜材质。器物的含铜量范围为 75.55% ～ 94.3%，含锡量范围为 0.51% ～ 17.12%，含铅量范围为 0.04% ～ 0.86%，此外还含有少量铁、钴、锑、砷、硫等杂质元素。按照古代锡青铜分类，含锡量高于 17% 的为高锡青铜，低于 17% 的为低锡青铜，故该 25 件锡青铜文物中只有西汉举手人纹铜戈（石甲 M12 ： 21）为高锡青铜（含锡量为 17.12%），其余皆为低锡青铜。

2. 生产工具类

本次分析的生产工具类器物共计 9 件，包括 3 件铜斧、3 件铜锄、1 件铜铲、1 件铜凿、1 件铜锛。

结果如表 2 所示。可以发现，该 9 件器物样品均为铜锡二元合金，且均属于低锡青铜范畴。927 号镀锡小铜凿样品

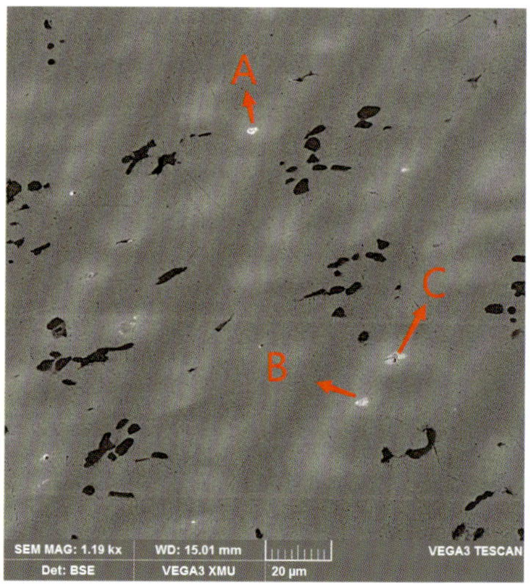

图 70　西汉单栓铜斧（石甲 M3 ： 82 / 石三 49）扫描电镜背散射电子像

表 2　生产工具类铜器成分表

序号	样品编号	器物编号	器物名称	主要成分 / (Wt%)							合金材质
				Cu	Sn	Pb	As	O	其他超过 0.5 元素	其余元素（S、Cl、Sb、Ni、Ag、Zn、Fe、Co、Bi、Au）	
1	468	石甲 M3 ： 1/石三 173A	卷云纹铜铲	81.29	12.93	0.06	0.25	3.2	Sb：0.51 Fe：0.51 S：0.62	0.64	Cu-Sn
2	422	石甲 M3 ： 82/石三 49	单栓铜斧	87.1	6.45	0.18	0.54	2.58	Sb：0.93 S：0.99	1.24	Cu-Sn
3	339	石甲 M5 ： 29	鸟纹太阳纹铜斧	80.41	14.95	0.76	0.12	2.91		0.83	Cu-Sn
4	37	石甲 M6 ： 93	二兽铜斧	88.53	7	0.16	0.3	3.06		0.95	Cu-Sn
5	662	石甲 M6 ： 123	镀锡卷刃铜锄	88.49	6.23	0.33	0.35	3.16		1.45	Cu-Sn
6	626	石甲 M6 ： 124-2	镀锡六边形铜锄	78.3	12.57	0.78	0.4	6.52		1.43	Cu-Sn
7	623	石甲 M6 ： 124-3	镀锡六边形铜锄	85.46	9.9	0.23	0.26	2.96		1.2	Cu-Sn
8	1145	石甲 M12 ： 98	铜锛	86.31	9.77	0.09	0.52	2.4		0.94	Cu-Sn
9	927	石甲 M12 ： 161/石十二 116-1	镀锡小铜凿	68.78	16.07	1.58	0.26	11.78		1.52	Cu-Sn（Pb）

锈蚀严重，氧含量达 11.78%，铅含量为 1.58%，且金相观察中可见已流失的球状铅颗粒，故可合理推测该器物本身的铅含量将高于检出数值。该 9 件器物的含铜量范围为 68.78% ~ 88.53%，含锡量范围为 6.23% ~ 16.07%，含铅量范围为 0.06% ~ 1.58%，此外还含有少量铁、砷、锑、硫等杂质元素。将 422 号样品放至扫描电镜下观察，如图 70 所示，图中标注的 A、B、C 处均为锑元素聚集处，各处平均成分如下：

A 处平均成分　Cu：50.10%，Sb：6.90%，Sn：13.52%，O：4.78%，Pb：22.21%；

B 处平均成分　Cu：51.53%，Sb：6.88%，Sn：18.09%，O：2.99%，Pb：17.97%；

C 处平均成分　Cu：62.44%，Sb：10.27%，Sn：21.85%，O：2.94%。

3. 生活用具类

本次分析的 9 件生活用具类器物共采样 11 件，包括有 4 件贮贝器、1 件伞盖、1 件铜鼓、2 件铜枕、

表 3　生活用具类铜器成分表

序号	样品编号	器物编号	器物名称	主要成分 / （Wt%）							合金材质
				Cu	Sn	Pb	As	O	其他超过 0.5 元素	其余元素（S、Cl、Sb、Ni、Ag、Zn、Fe、Co、Bi、Au）	
1	81	石甲 M1 ： 57A	祭祀人物铜鼓形贮贝器	79.41	10.37	0.57	0.37	4.34	Fe：3.72 S：0.69	0.54	Cu-Sn
2	20	石甲 M6 ： 4	镀锡带柄铜伞盖	89.02	7.09	0.06	0.16	2.62		1.04	Cu-Sn
3	21	石甲 M6 ： 4	镀锡带柄铜伞盖	88.06	7.75	0.12	0.34	2.7		1.01	Cu-Sn
4	43	石甲 M12 ： 2	宴乐籍田铜鼓形贮贝器	67.34	16.88	0.08	0.09	14.23	Cl：0.57	0.8	Cu-Sn
5	45	石甲 M16 ： 3	铜鼓	67.41	4.87	10.21	0.09	16.81		0.63	Cu-Sn-Pb
6	46	石十七 12	八牛铜贮贝器盖	86.52	8.42	0.86	0.22	3.63		0.65	Cu-Sn
7	94	石十七 12	八牛铜贮贝器盖	73.73	17.17	4.15	0.46	3.59		0.9	Cu-Sn-Pb
8	78	石甲 M20 ： 4	虎耳五牛铜贮贝器	85.01	5.68	5.41	0.31	2.98		0.6	Cu-Sn-Pb
9	47	石甲 M15 ： 9	二牛铜枕	82.86	9.94	1.55	0.22	4.35		1.11	Cu-Sn（Pb）
10	48	石甲 M16 ： 6	立牛铜枕	91.17	5.11	0.17	0.16	2.19		1.2	Cu-Sn
11	1045	石甲 M16 ： 30	长颈铜瓶	91.8	4.11	0.06	0.13	2.87		1.04	Cu-Sn

1 件铜瓶，其中铜伞盖于流苏处及伞盖边缘处各取 1 件样品，八牛贮贝器盖于盖表面及牛身内各取 1 件样品。

结果如表3所示。可以发现，该11件器物样品有8件为铜锡二元合金，其中7件属于低锡青铜范畴，1件属于高锡青铜范畴，还有3件为铜锡铅三元合金。20号样品和21号样品均为西汉镀锡带柄铜伞盖（石甲M6：4）上获取，其中20号样品为伞盖边缘处取得，21号样品为流苏处获得。两件样品的合金成分基本一致，推测可能是同批金属溶液制作而成的。贮贝器盖上的铜牛与器盖为分铸，本次实验于八牛铜贮贝器盖表面采46号样品，于铜牛腹内采取94号样品进行检测分析。结果表明，器盖处为铜锡合金，锡含量为8.42%，而铜牛为铜锡铅合金，其中锡含量为17.17%，铅含量为4.15%。铜牛样品的锡含量和铅含量均高于器盖处样品，这是由于铜牛造型复杂，铅的加入可以提高金属溶液的流动性，方便制作铜牛造型，且锡的增加也可以降低溶液熔点，方便后期的分铸工作。这件器物两处位置不同的金属成分说明当时工匠已经可以根据制作需求，选择不同的合金配比。

可以发现，生活用具类器物的制作工艺与合金选材与兵器类、生产工具类存在一定差异，铜鼓和贮贝器中加入了一定程度的铅，可以提高金属熔液的流动性，使器物具备较好的充形能力。这与此前研究中测定的石寨山地区铜鼓的铅含量基本一致。该9件铜器的含铜量范围为67.34% ~ 91.8%，含锡量范围为4.11% ~ 17.17%，含铅量范围为0.06% ~ 10.21%，此外还有少量铁、砷、锑、硫等杂质元素。

81号样品西汉祭祀人物铜鼓形贮贝器（石甲M1：57A）为铜锡合金，杂质铁元素的质量分数达到3.72%，远高于其他样品的铁含量。造成铁含量较高的原因较多，可能是制作该器物的矿料中以杂质形式引入，也可能是后期冶炼过程中使用的容器或工具中引入。将81号样品放至扫描电镜下观察，如图71所示，图中标注的A、B、C、D处均为铁元素聚集处，各处平均成分如下：

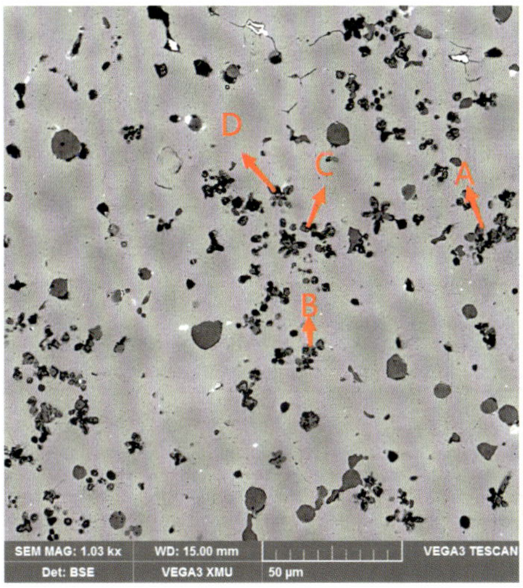

图71　西汉祭祀人物铜鼓形贮贝器（石甲M1 ：57A）扫描电镜背散射电子像

A 处平均成分　Cu：19.9%，Fe：72.6%，Sn：2.33%，O：2.93%；

B 处平均成分　Cu：40.56%，Fe：48.06%，Sn：4.43%，O：5.31%；

C 处平均成分　Cu：10.03%，Fe：78.81%，Sn：1.14%，O：6.02%；

D 处平均成分　Cu：29.29%，Fe：59.12%，Sn：3.47%，O：5.62%。

（4）其他类

其他类器物共采样5件，包括2件铜女俑、1件铜泡钉、1件铜甲虫、1件铜牛。

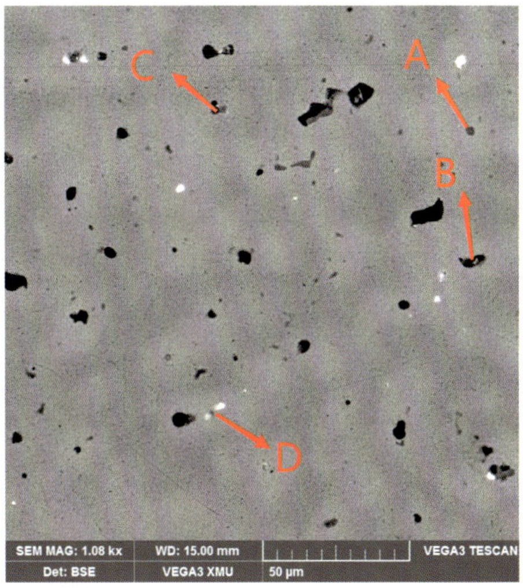

图72　西汉铜牛（石二十一 66）扫描电镜背散射电子像

分析结果如表4所示，可以发现，该批5件器物样品有2件为铜锡二元合金，均为低锡青铜，还有1件为铜锡铅三元合金，1件为红铜材质，1件为铜锡砷合金。器物的含铜

表 4　其他类铜器成分

序号		器物编号	器物名称	主要成分 /（Wt%）							合金材质
				Cu	Sn	Pb	As	O	其他超过 0.5 元素	其余元素（S、Cl、Sb、Ni、Ag、Zn、Fe、Co、Bi、Au）	
1	28	石甲 M9 ： 6	铜泡钉	70.76	10.15	9	0.51	6.88	Sb：0.84 S：0.95	0.91	Cu-Sn-Pb
2	38	石甲 M12 ： 3	铜执伞女佣	79.23	15.77	0.57	0.11	3.63		0.68	Cu-Sn
3	1124	石甲 M12 ： 151	镀锡铜甲虫	83.09	11.04	0.93	0.27	3.85		0.83	Cu-Sn
4	51	石甲 20 ： 2	铜持伞女俑	91.28	1.94	0.26	0.39	2.88	Fe：0.95 S：1.46	0.86	Cu（Sn）
5	1030	石二十一 66	铜牛	87.48	5.54	0.22	2.41	3.22		1.14	Cu-Sn-As

量范围为 70.76% ~ 91.28%，含锡量范围为 1.94% ~ 15.77%，含铅量范围为 0.06% ~ 9%，此外还有少量铁、锑、硫等杂质元素。

将西汉铜牛（石二十一 66）样品放至扫描电镜下观察，如图 72 所示，图中标注的 A、B、C、D 处均为砷元素聚集处，各处平均成分如下：

A 处平均成分　Cu：81.44%，As：3.69%，Sn：8.52%，O：2.49%；

B 处平均成分　Cu：71.7%，As：5.01%，Sn：7.78%，O：11.87%，Pb：2.87%；

C 处平均成分　Cu：87.49%，As：2.83%，Sn：7.40%，O：1.98%；

D 处平均成分　Cu：84.94%，As：3.46%，Sn：8.51%，O：2.30%。

这 49 件铜器中，有 2 件为红铜材质，42 件为锡青铜合金，3 件为铜锡铅合金，1 件为铜锡砷合金，还有 1 件八牛贮贝器盖为铜锡二元合金，而盖上的铜牛为铜锡铅三元合金。可以发现工匠会根据调整不同的合金配比来满足不同的制作需求。金属杂质以铁、砷、锑、硫为主，呈现出该地特有的铜器合金配比。

（三）X 射线荧光分析及扫描电镜能谱仪元素分析对比

扫描电镜能谱的样品经过精抛光处理，且扫描电镜能谱本身的准确性较高，可以保证数据的准确性，但是并非所有器物都能采集样品，而便携式 X 射线荧光扫描文物表面时会因为器物的锈蚀程度和表面的覆盖物而产生一定的误差。现以扫描电镜能谱仪分析的 51 件样品的数据（图 74）与其对应器物的便携式 X 射线荧光光谱分析的数据（图 73）进行对比，由于便携式 X 射线荧光会因为表面的积尘和浮土而检测出多种杂项金属成分，只对其主要的合金成分（铜、锡、铅）进行合金比例统计比较。如图 73、74 所示，两种检测手段得出的数据分布有明显的相关性，说明该批次 X 射线荧光检测的数据是可靠准确的，个别的数据离散和铅在铜合金中的分布特性有关，铅在铜合金中以游离态存在且质量较大，因而铅在合金凝固时更倾向于向器物的底部和表面迁移，因此个别器物检出铅含量偏高属于正常现象。

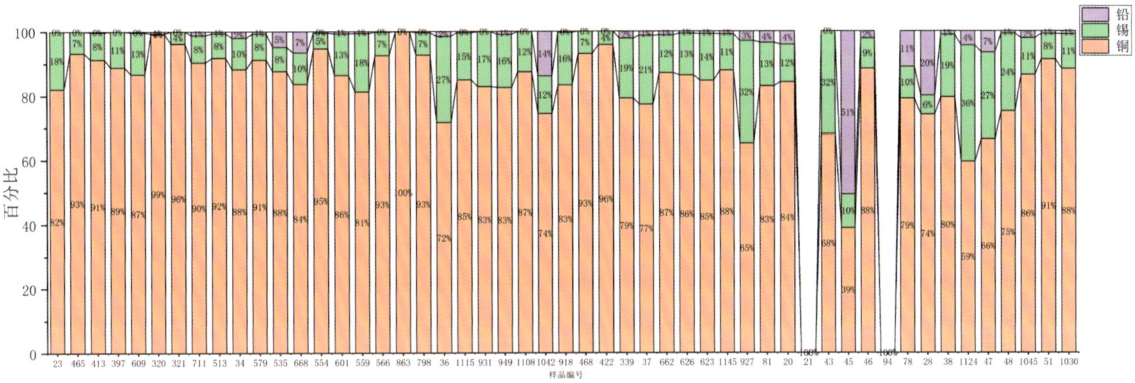

图 73　51 件样品的便携 X 荧光成分分析

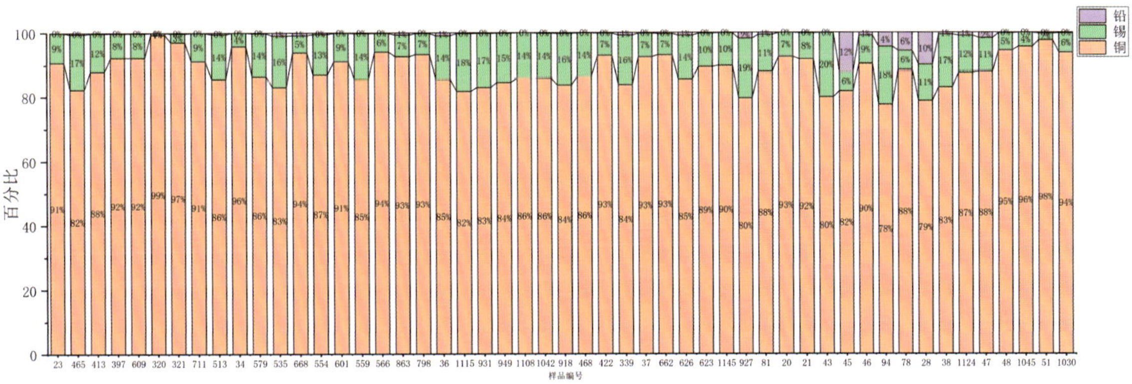

图 74　51 件样品的扫描电镜能谱成分分析

（四）X 射线成像检测

本项目利用 XXQ-2505 型号的 X 射线探伤仪对 467 件（套）青铜文物的制作工艺及保存状况进行了 X 射线成像检测，工作条件为拍摄电压为 100 ~ 200 千伏，拍摄距离为 40 ~ 80 厘米。

1. 制作工艺检测

X 射线成像可以直观地反映器物的铸造、加工、修饰等工艺信息，这对考古研究、文物修复等都具有重要意义。检测发现该批器物铸造工艺方面的信息主要有：铜质垫片、范缝、加强筋、铸造气孔与缩孔、锈蚀掩盖下的纹饰。

（1）铜质垫片（图 75 ~ 78）

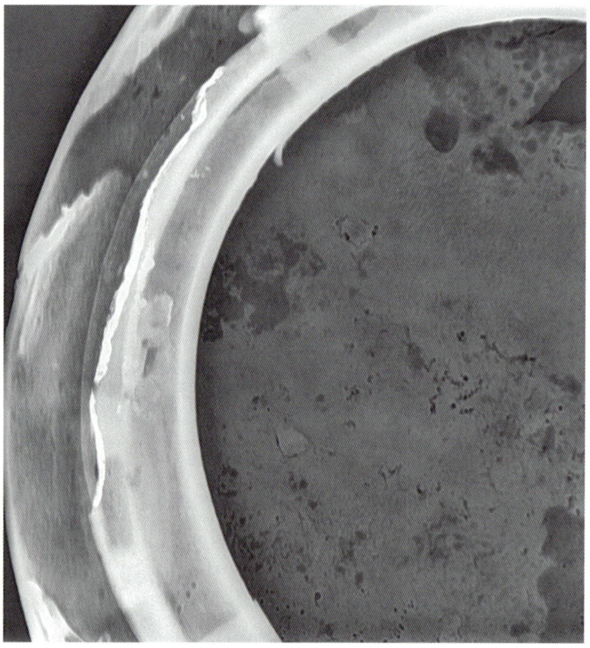

图 75 西汉祭祀人物铜鼓形贮贝器（石甲 M1 ： 57A）

图 76 西汉虎耳五牛铜贮贝器（石甲 M20 ： 4）

图 77 西汉宴乐籍田铜鼓形贮贝器（石甲 M12 ： 2）

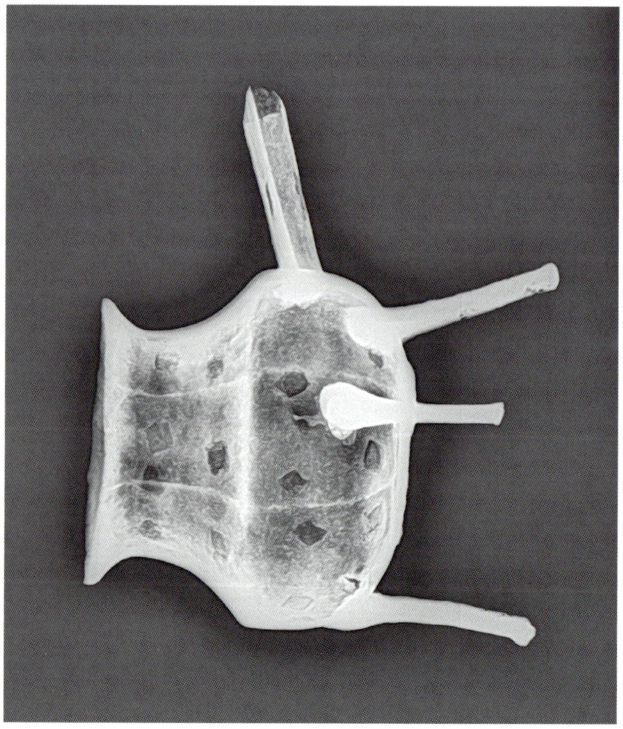

图 78 西汉三足铜釜（江李 M26 ： 5）

(2) 范缝和加强筋（图 79、80）

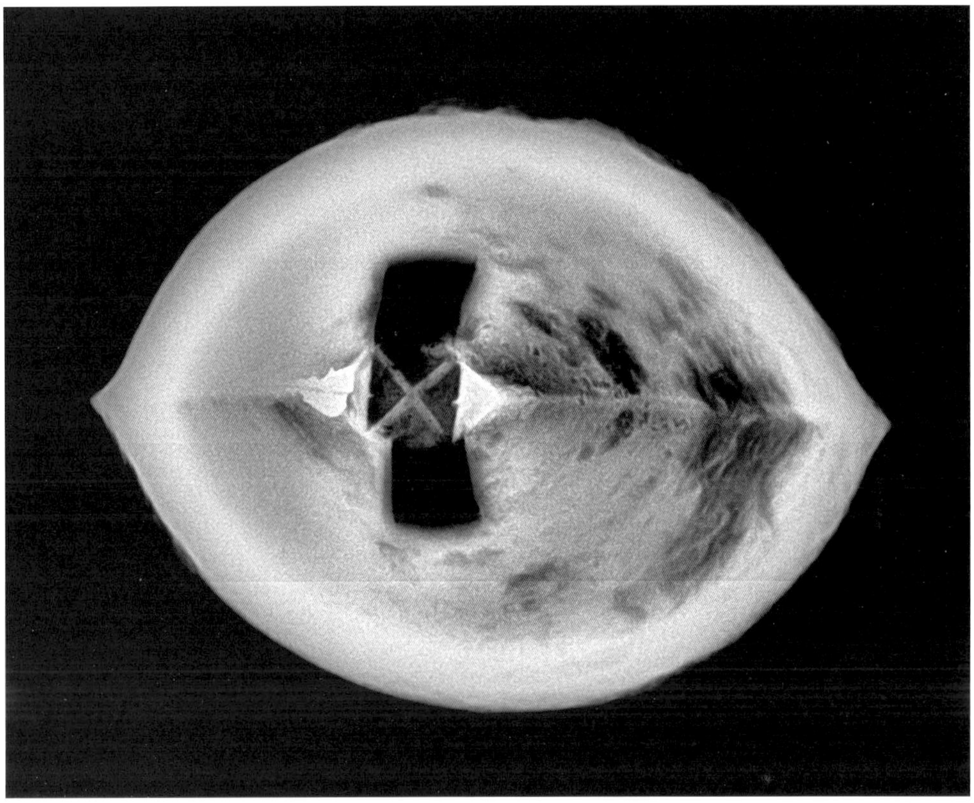

图 79　羊角纽铜钟（石甲 M6 ： 125）范线

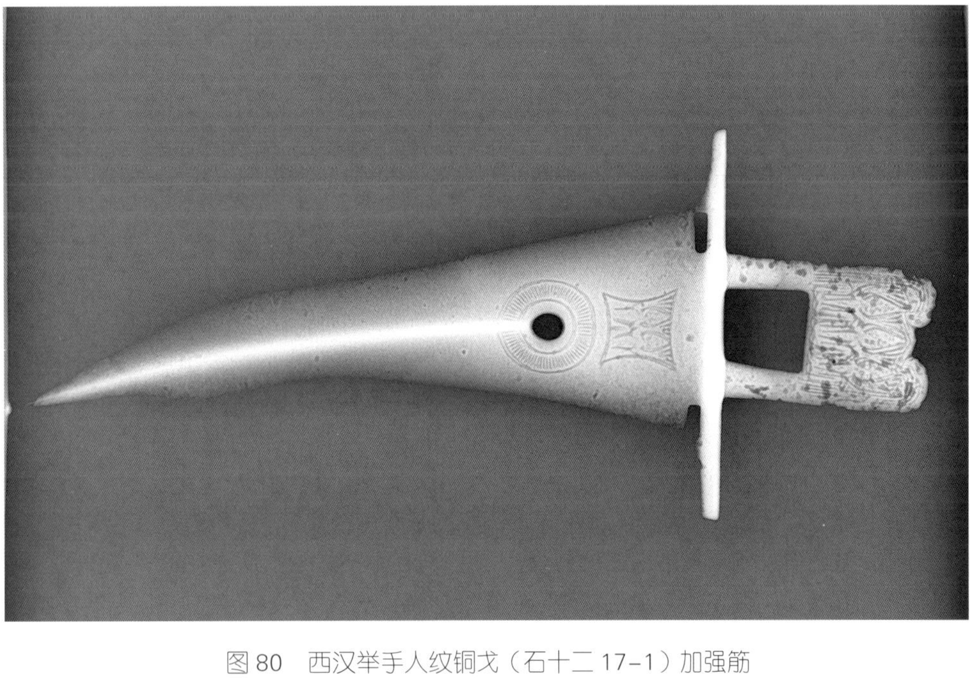

图 80　西汉举手人纹铜戈（石十二 17-1）加强筋

（3）铸造气孔与缩孔（图 81、82）

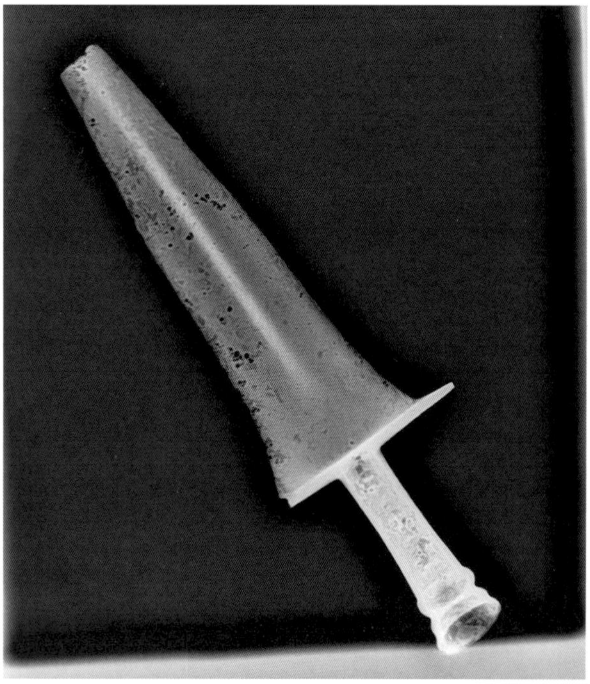

图 81　西汉人头柄铜剑（石甲 M3 ：45）铸造气孔

图 82　西汉铜斧（石甲 M3 ：84）缩孔

（4）锈蚀掩盖下的纹饰（图 83、84）

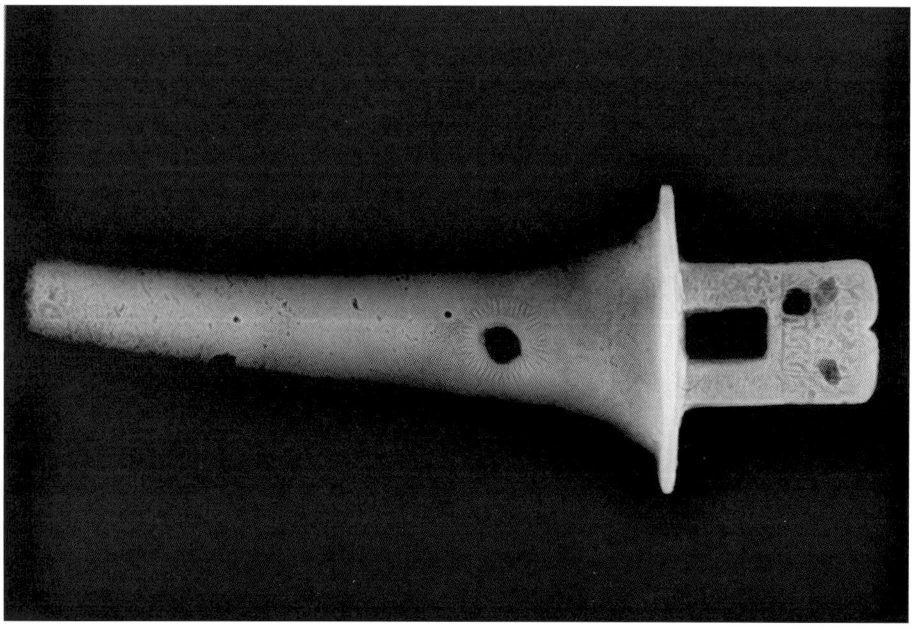

图 83　西汉镀锡铜戈（石甲 M6 ：101–2）

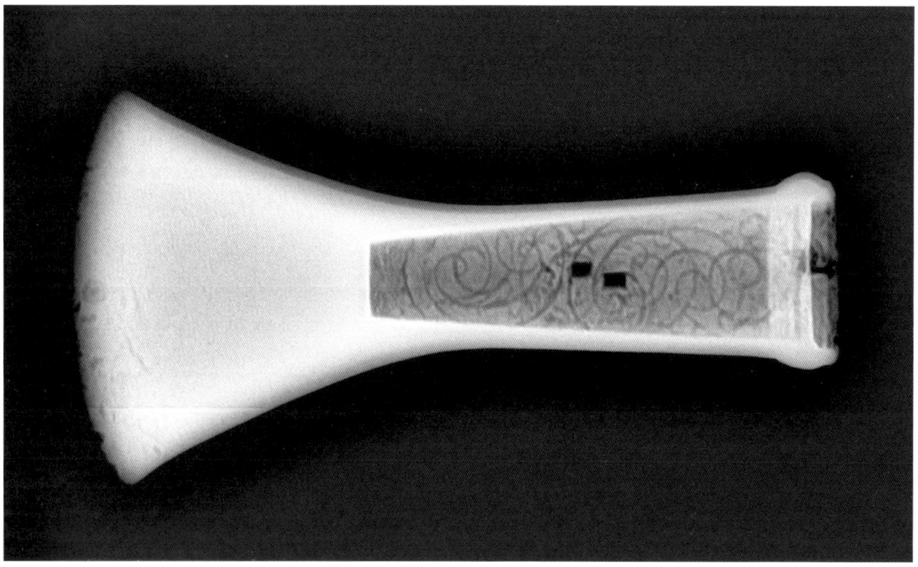

图 84　西汉卷云纹铜斧（石甲 M3 ： 78）

2. 保存状况检测

此次保护修复器物由于上千年埋藏于地下，基体材料与周围介质发生化学、电化学反应或者生物作用而受到腐蚀破坏。通过 X 射线成像检测，可以更好地检测青铜文物锈蚀程度及锈蚀状况，掌握青铜文物的保存现状，为制订科学、合理的保护修复工作计划提供依据。

（1）基体不均匀腐蚀矿化（图 85、86）

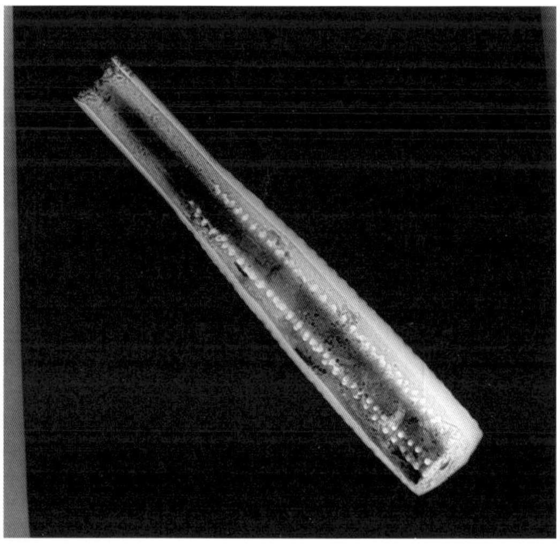

图 85　西汉镀锡铜狼牙棒（石甲 M12 ： 14-1）

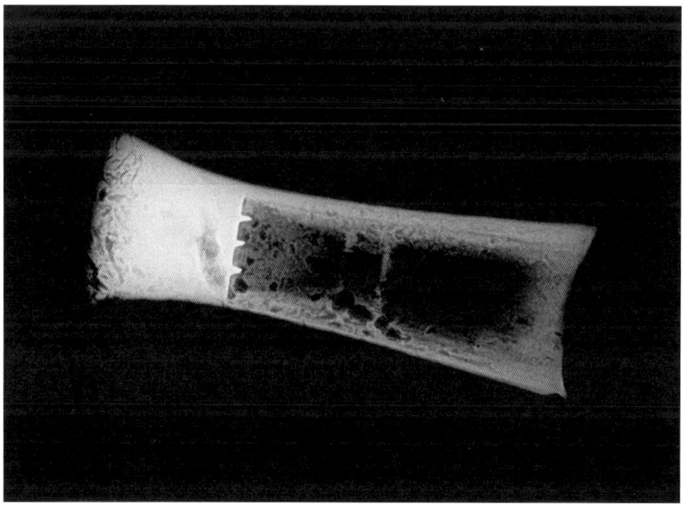

图 86　西汉铜斧（石甲 M12 ： 65）

（2）裂隙腐蚀（图 87、88）

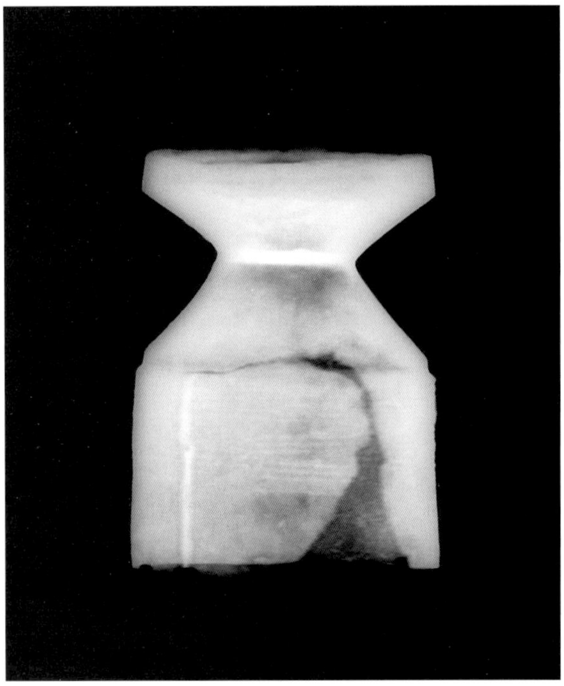

图 87　西汉铜杯（石甲 M1 ：6–1）

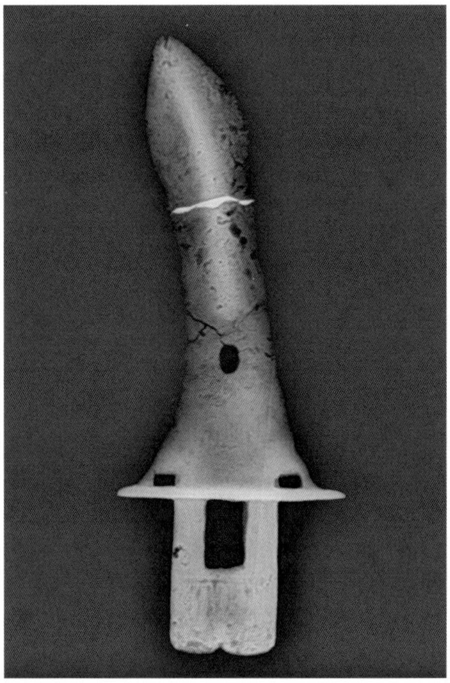

图 88　西汉铜戈（石甲 M7 ：61–1）

（3）暗裂纹（图 89、90）

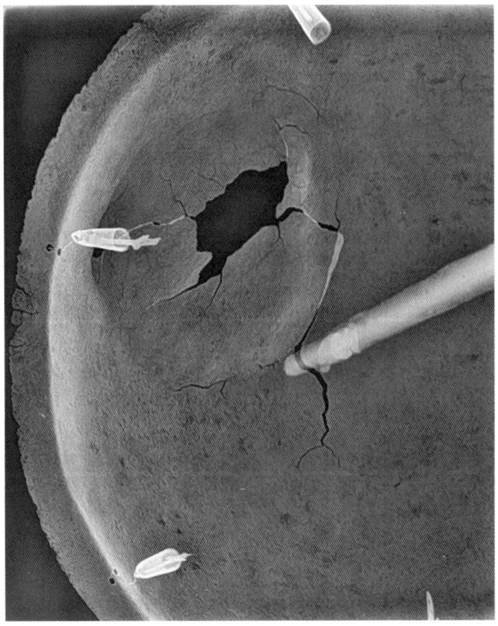

图 89　西汉镀锡带柄铜伞盖（石甲 M6 ：4）

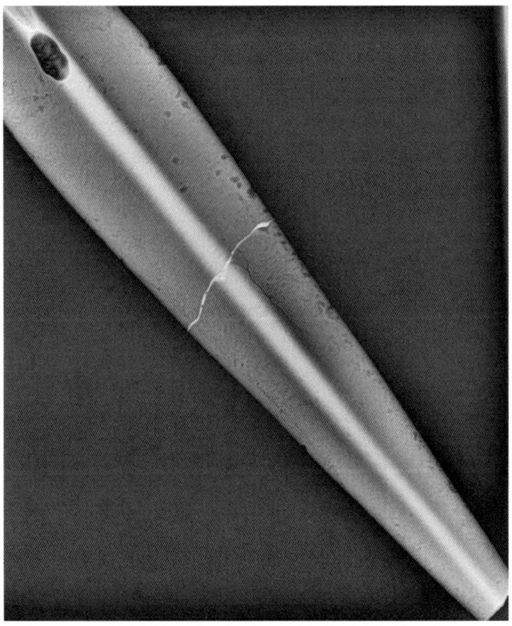

图 90　西汉柳叶形铜矛（石甲 M12 ：31）

(4) 青铜文物焊接痕迹（图 91、92)

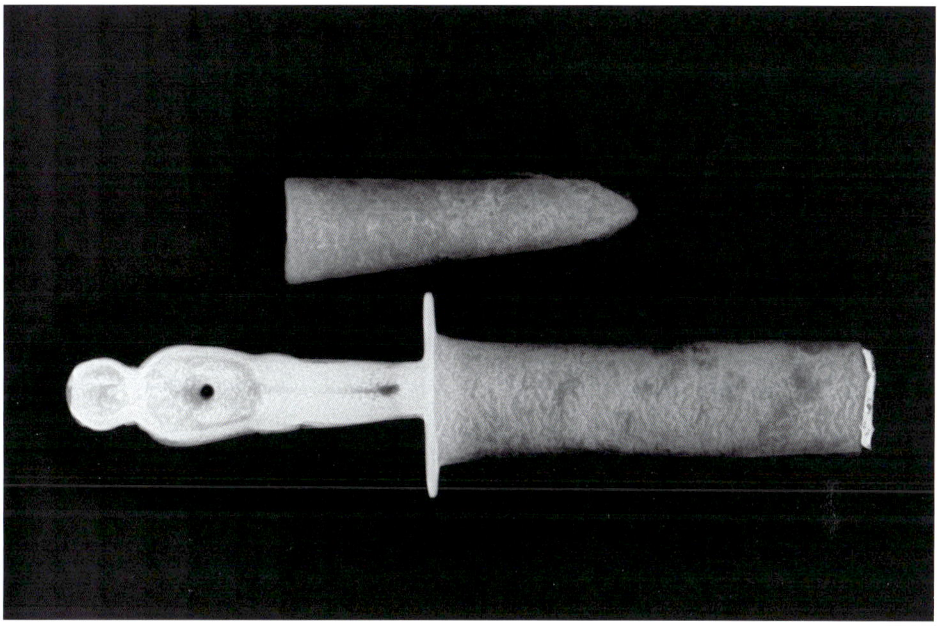

图 91　西汉猴柄铜剑（石甲 M4 ： 5）

图 92　西汉宴乐籍田铜鼓形贮贝器（石甲 M12 ： 2）

（5）青铜文物粘接痕迹（图 93、94）

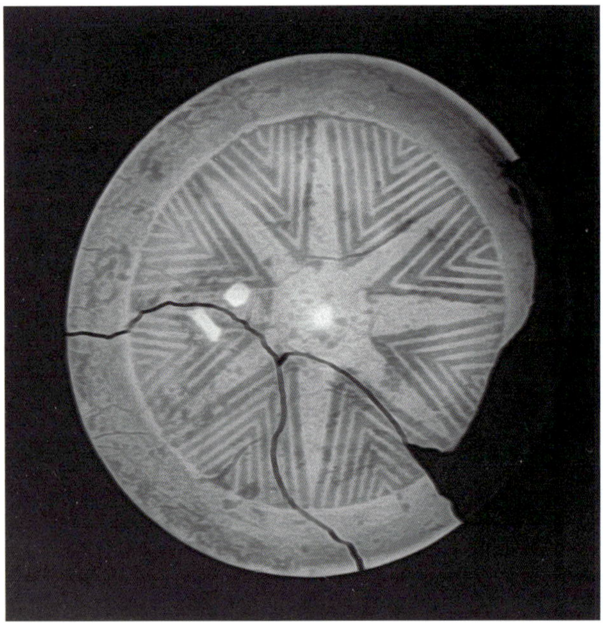

图 93　战国圆形太阳纹铜扣饰（江李 M21 ： 10）

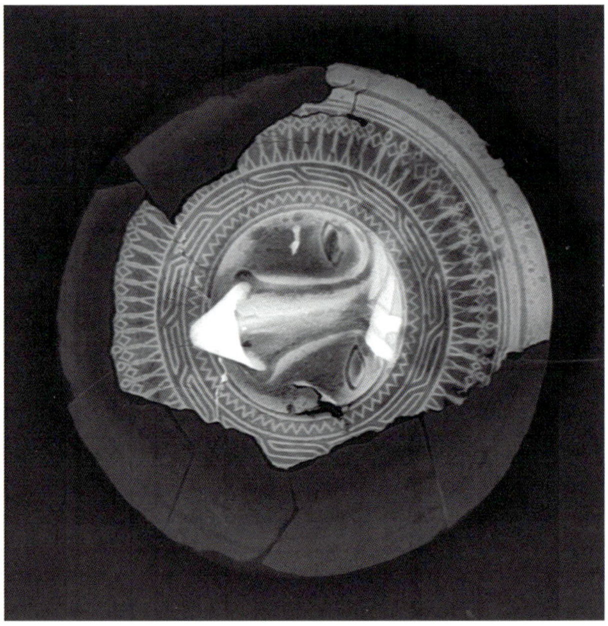

图 94　西汉圆形鸟啄舞蹈人纹铜扣饰（昆双 54A）

（五）X 射线衍射分析

利用日本理学 Rigaku TTRIII 型 X 射线衍射仪对该批文物锈蚀进行了 X 射线衍射分析，由于部分器物前人修复过，表面光滑，无法采样，本次共获得有效锈蚀样品 364 件进行 X 射线衍射分析，结合显微观察、XRF 元素成分分析及能谱仪测量的元素成分，最终确定青铜表面锈蚀产物的类型。分析结果如图 95 所示。

364 件锈蚀样品中，赤铜矿出现 303 次、氧化铜出现 20 次、孔雀石出现 337 次、蓝铜矿出现 67 次、水白铅矿 / 白铅矿出现 41 次、磷铜矿出现 22 次、磷酸铜出现 19 次、水胆矾出现 57 次、氯铜矿出现 23 次、硫化铜出现 2 次。可以看出，碱式碳酸铜（孔雀石、蓝铜矿）和铜的氧化物（赤铜矿、氧化铜）出现最多，硫酸盐（水胆矾、硫化铜）其次，氯化物和磷酸盐再次。与离子色谱的检测结果相应，铅的锈蚀产物（白铅矿 $PbCO_3$）较少与该批器物合金成分中含铅量本身

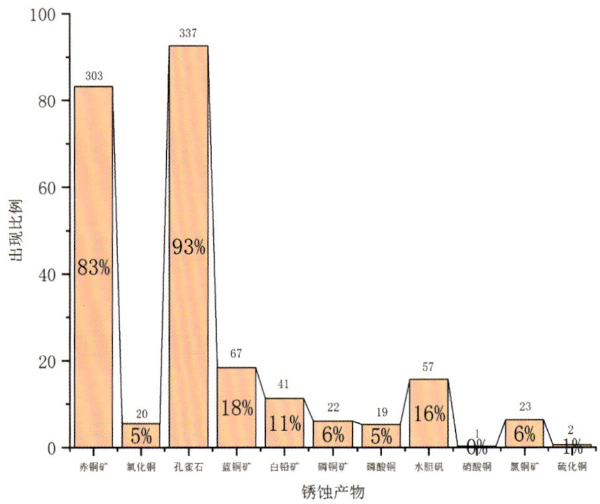

图 95　X 射线衍射分析结果统计图

较低也有关。主要锈蚀产物蓝铜矿、孔雀石、赤铜矿、水胆矾等均为无害锈蚀，粉状锈蚀主要物相为孔雀石，少部分为孔雀石与白铅矿的混合物，并未检测到碱式氯化铜等有害锈（图 96 ～ 105）。粉状锈蚀的生成可能是由于青铜文物在表面局部区域湿度较大，腐蚀速率加快所致。检测中发现的 23 处含有氯铜矿的锈蚀，并不能代表器物一定患上了“青铜病”，可能仅仅代表局部或表面的氯化物腐蚀过程。而真正“青铜病”的特点是在青铜文物内部或表面铜锈下面累积氯化亚铜，从而导致器物不稳定。然而氯铜矿的存在还是指示了氯离子的存在，还是有出现“青铜病”的风险，所以在器物的后续保存管理中需要严格控制湿度，避免酸性环境的出现，以杜绝“青铜病”的发生。

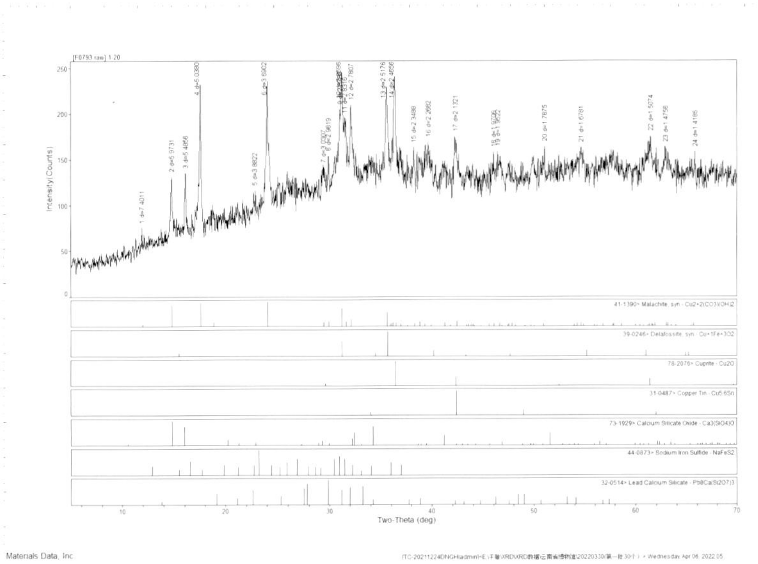

图 96　西汉卷云纹铜斧（石甲 M3 ： 78）赤铜矿 X 射线衍射图

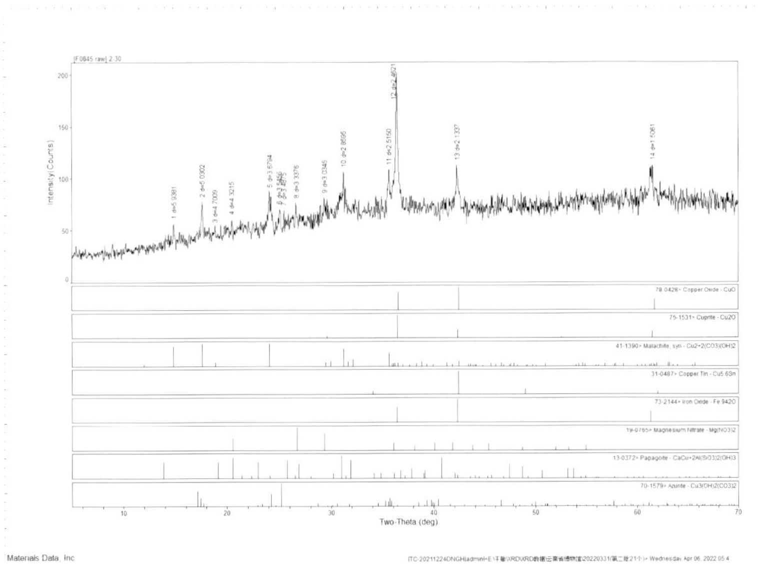

图 97　西汉单栓铜斧（石甲 M4 ： 37）氧化铜 X 射线衍射图

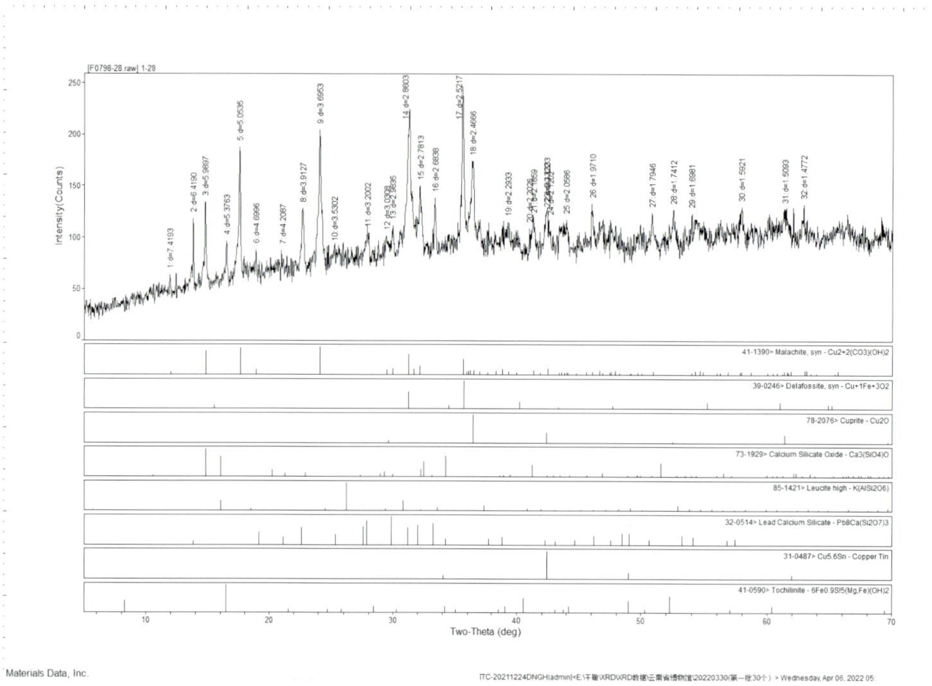

图 98　西汉举手舞人纹铜戈（石甲 M3 ： 91）孔雀石 X 射线衍射图

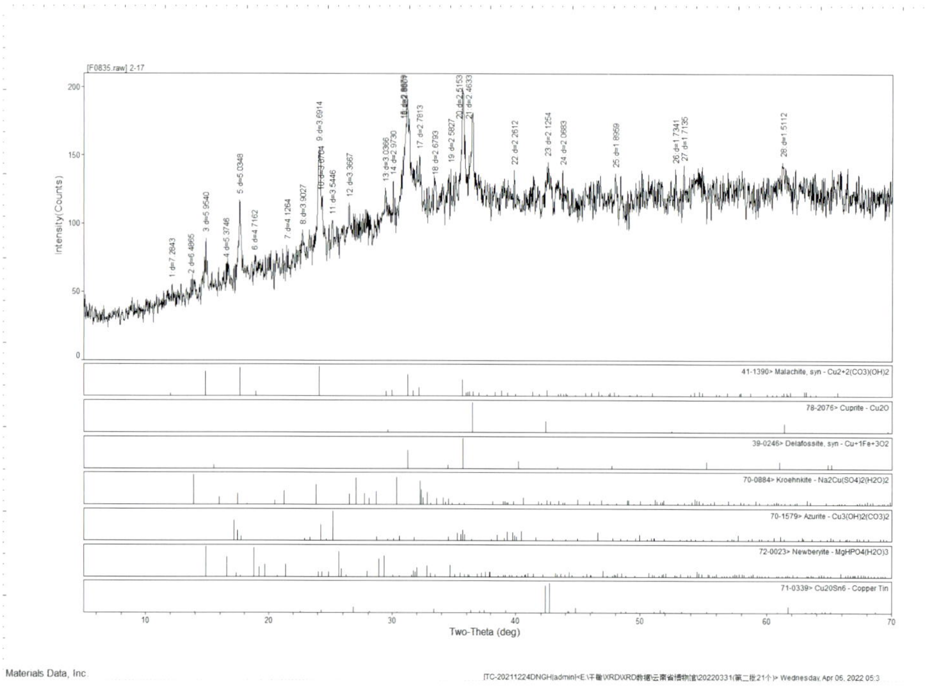

图 99　西汉双栓铜矛（石甲 M3 ： 110-1）蓝铜矿 X 射线衍射图

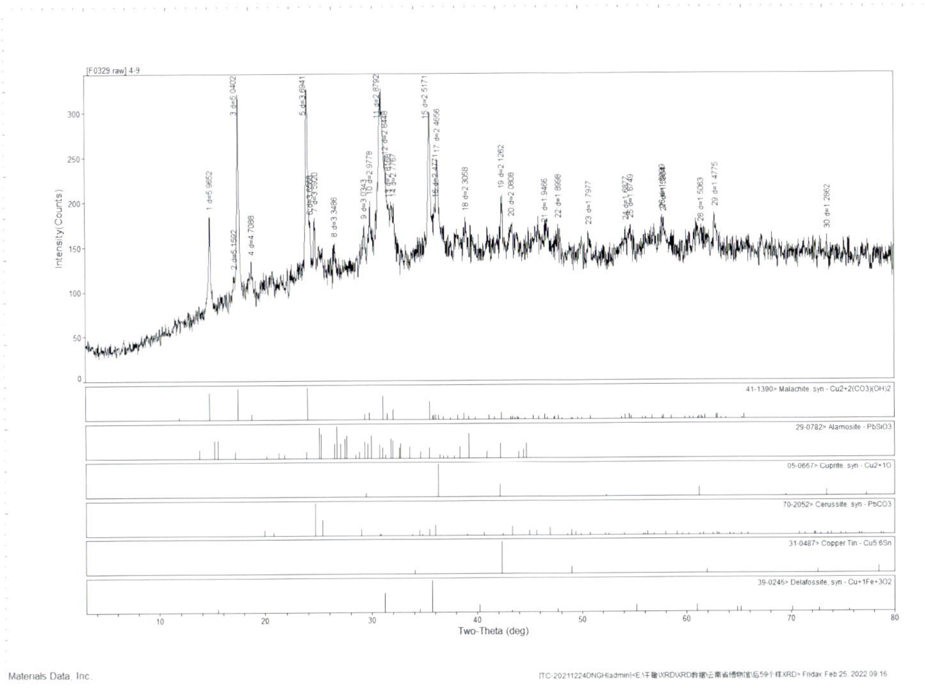

图 100　西汉二兽争鱼铜戈（石甲 M12 ： 12）水白铅矿 / 白铅矿 X 射线衍射图

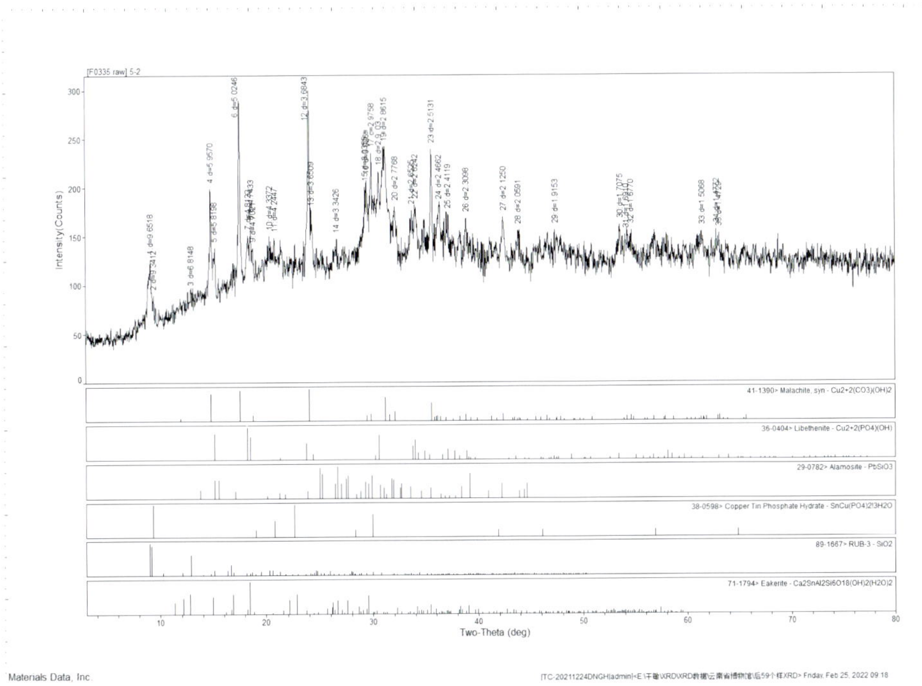

图 101　西汉二牛铜枕（石甲 M15 ： 9）磷铜矿 X 射线衍射图

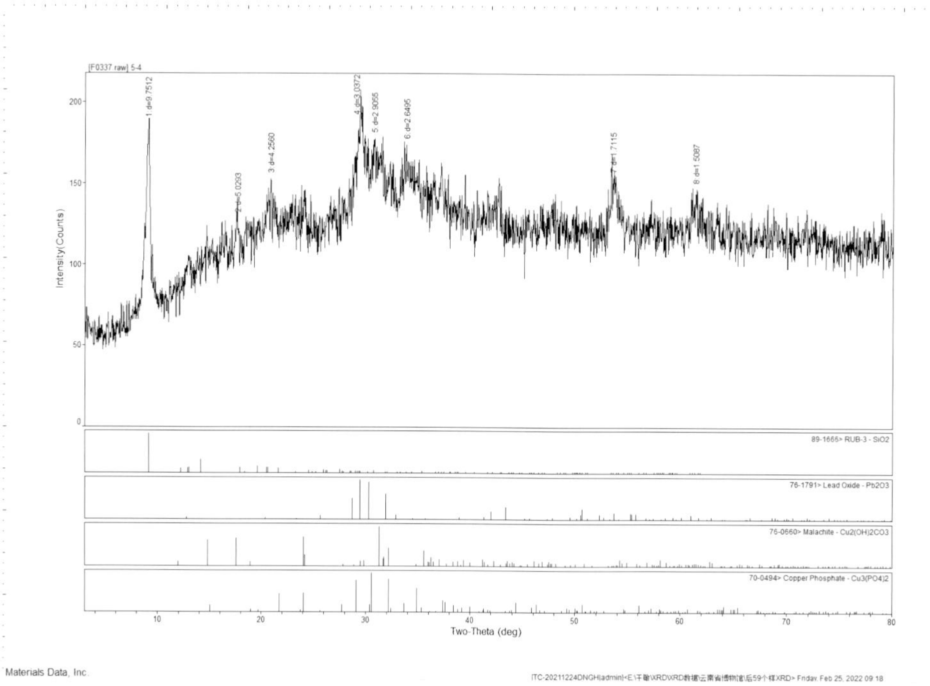

图 102　西汉立牛铜枕（石甲 M16 ： 6）磷酸铜 X 射线衍射图

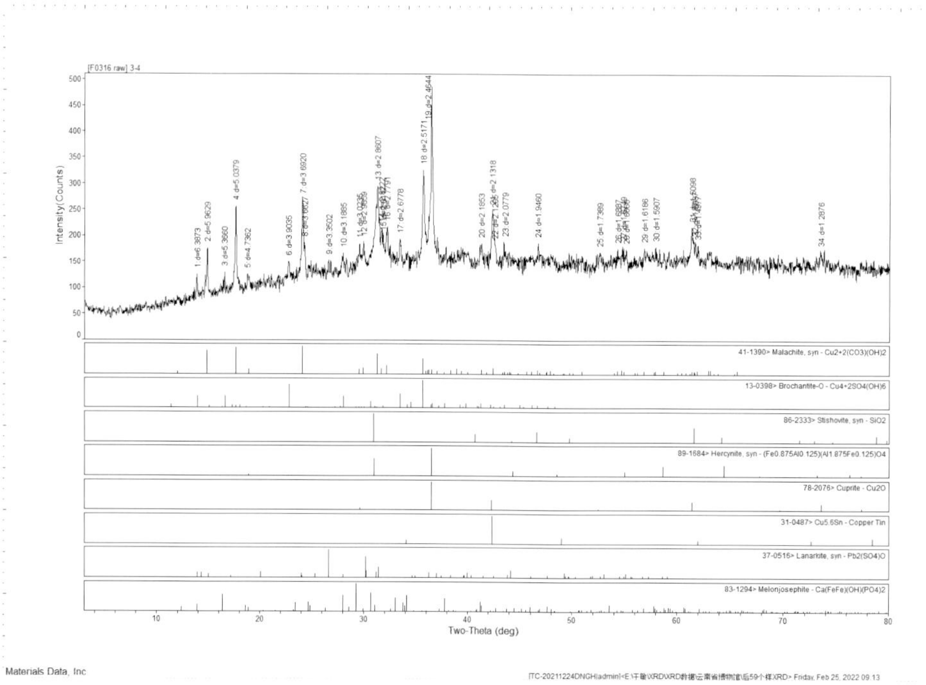

图 103　西汉无格铜剑（石甲 M6 ： 29）水胆矾 X 射线衍射图

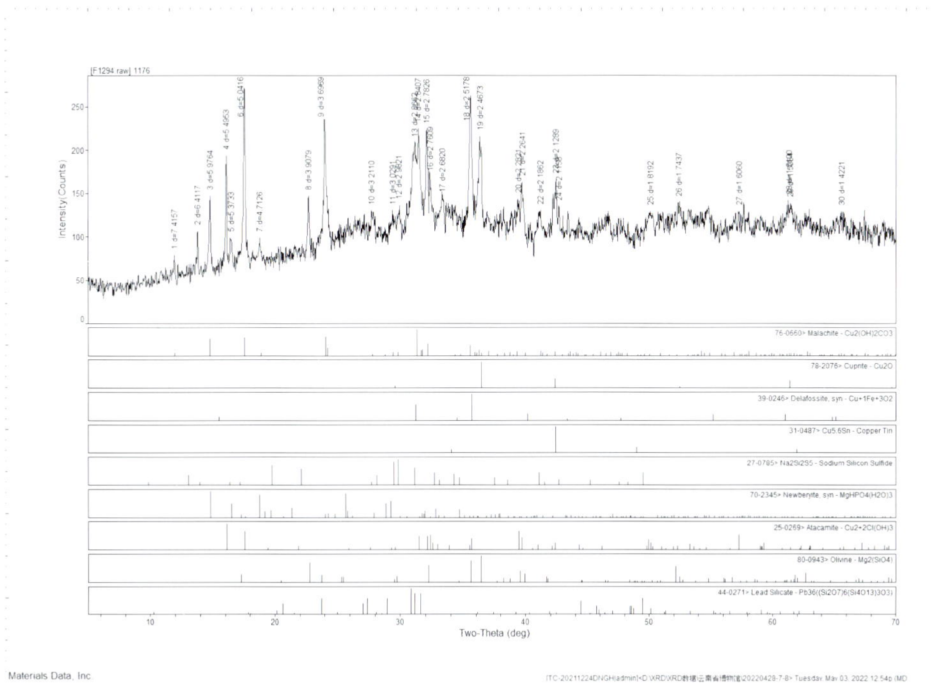

图 104　镀锡铜钺（石甲 M16 ： 12）氯铜矿 X 射线衍射图

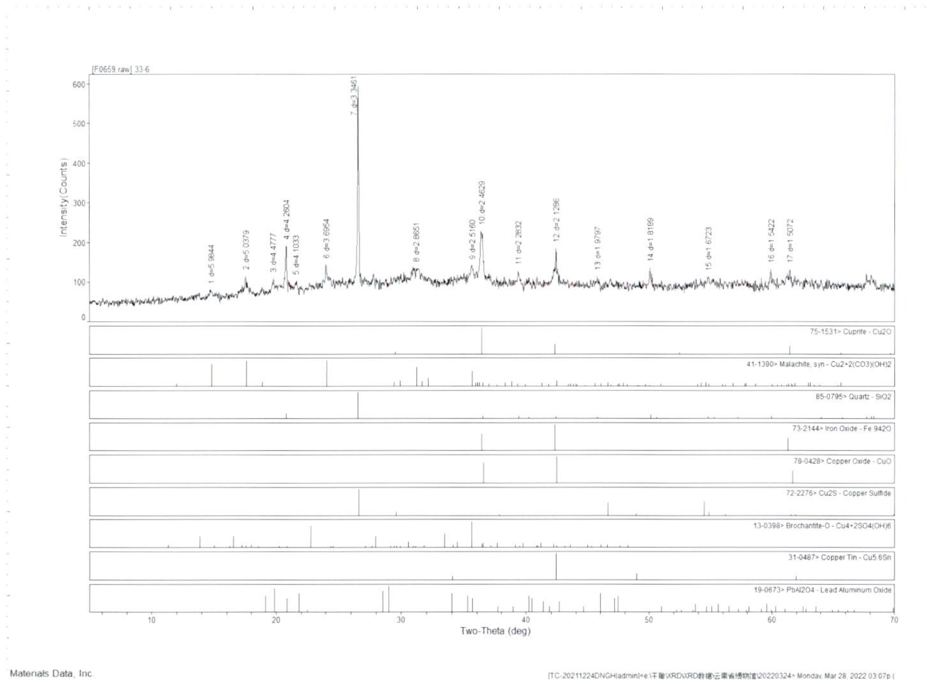

图 105　西汉铜戈（石甲 M5 ： 7）硫化铜 X 射线衍射图

（六）超景深显微镜分析

利用基恩士超景深数码显微镜观察肉眼不能清晰识别的青铜器表面锈蚀产物，以确认青铜器表面锈蚀产物的颜色及结构形态，为深入研究各类锈蚀产物的类型提供依据。通过观察可以发现，该批次器物的锈蚀多为表面覆盖大量绿色的孔雀石（绿色锈蚀），内部为紫红色的赤铜矿（紫红色晶体）、蓝铜矿（蓝色锈蚀），还有少量高锡青铜存在锡向表面富集形成亮白色的保护层（图109～110）。从工艺细节可以看出，该批青铜文物的纹饰多为铸造时在模上刻划、翻范后铸造而成的阴纹（图111）。工匠在制造青铜文物时会根据捆绑安装等实用需求提前预留孔洞，或是以装饰需求预留镂空及部分器物上镶嵌装饰物（图112～114）。

图 106　战国铜匕（江李 M22 ： 6）单一绿色锈蚀

图 107　西汉镀锡虎纹铜剑（石甲 M6 ： 46）绿色锈蚀覆盖于紫红色晶体之上

图 108　西汉带鞘铜剑（石甲 M3 ： 28）蓝色锈蚀呈点状片状与绿色锈蚀并存

图 109　西汉立豹铜矛（石三 48）小块浅绿色粉状锈蚀

图 110　西汉镀锡柳叶形大铜矛（石十二 6）
绿色锈蚀覆盖于亮白色金属基体上

图 111　西汉鱼尾铜斧（石甲 M6 ：98）铸造而成的阴纹

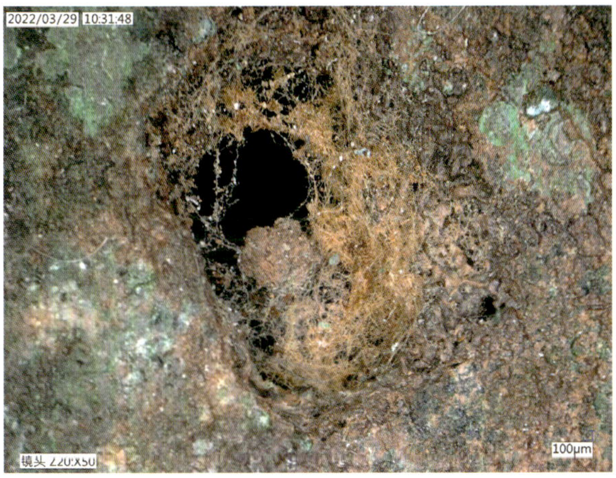

图 112　西汉铜狼牙棒（石甲 M6 ：97–2）
铸造时预留的孔洞

图 113　西汉镶石柄铜剑（石甲 M6 ：51）打孔的绿松石

图 114　西汉镶石柄铜剑（石甲 M6 ：51）
镶嵌有玉石 / 玛瑙

（七）离子色谱分析

利用ICS-90/1000离子色谱仪（美国戴安公司）对197件（套）文物表面覆盖的土样进行阴阳离子色谱分析，结果如图115所示。可以看出石寨山和李家山出土青铜器的离子分布规律相近，阴离子浓度中位数由高到低分别为SO_4^{2-}、Cl^-、NO_3^-，其中Cl^-和NO_3^-差距较小，SO_4^{2-}含量大。这是因为SO_4^{2-}带两个负电荷，受带正电荷粒子的表面引力较大，且由于土壤对SO_4^{2-}亲和力强，故有较强的配位吸附，带正电荷的土壤胶体粒子具有很大的比表面积，具有很强的吸附性，吸附SO_4^{2-}后，表面的负电荷显著增加，则对其他阴离子的吸附量减少。这三种阴离子影响腐蚀进行，青铜文物腐蚀与之有关，Cl^-总体含量极低，只有个别器物偏高，有害锈不是该批青铜文物病害的主要问题。阳离子平均浓度由高到低分别为Ca^{2+}、Na^+、K^+、Mg^{2+}，其中Ca^{2+}明显高于后三者，由于Ca在土壤中存在的方式多以$CaCO_3$形式存在，阳离子Ca^{2+}的含量高反映出土壤中CO_3^{2-}的含量较高，与腐蚀产物$Cu_2(OH)_2CO_3$、$Cu_3(CO3)_2(OH)_2$、$PbCO_3$、$Pb_3(CO3)_2(OH)_2$相对应。

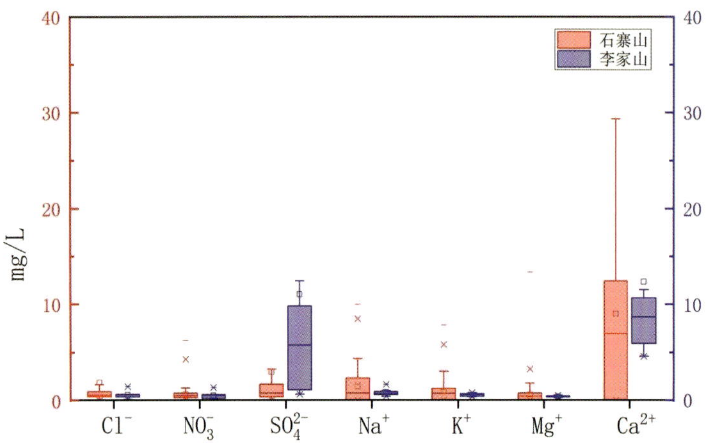

图115　离子色谱箱线图

（八）内窥检测分析

采用yateks的C16便携式工业视频内窥镜对其中259件（套）文物进行内部观察，可以查看肉眼无法观察到的细节部分，了解器物内部情况，为后续修复工作提供科学指导，针对器物内部的微生物病害及植物根系进行清理，以免根系进一步发育导致器物从内部出现裂隙，影响文物的稳定性。

通过内窥镜观察，发现此批青铜器内部病害主要有残留物、硬结物、锈蚀、包裹土、层状堆积和矿化六种病害，如图116～123所示。其中硬结物有246件（套），锈蚀有224件（套）以及包裹土有124件（套），这些病害多数同时发生，而非单个现象，因此部分器件的内部病害发育更为严重，出现层状堆积共计有13件（套）。统计结果显示（图124），兵器类中有64件（套）铜矛，为此批文物中病害最为突出的器物，有12件（套）出现层状堆积，伴有锈蚀剥落且内部多填有大量包裹土及木块、丝状残留物，个别发现有植物根系生长。

图116　西汉柳叶形铜矛（石甲M12 ： 31/石十二182-2A）裂隙

图117　西汉双栓铜矛（石甲M6 ： 73）木块残留物

图118　西汉镀锡蛇形铜叉（石甲M6 ： 96-1）包裹土

图119　西汉镀锡小铜凿（石甲M12 ： 161/石十二116-1.2）微生物危害

图120　西汉柳叶形铜矛（石甲M12 ： 31/石十二33-4）残留物

图121　西汉无格铜剑（石甲M5 ： 10）层状堆积

图 122　西汉铜剑鞘头（石甲 M13 ： 117 底 / 石十三 13-1）根系发育

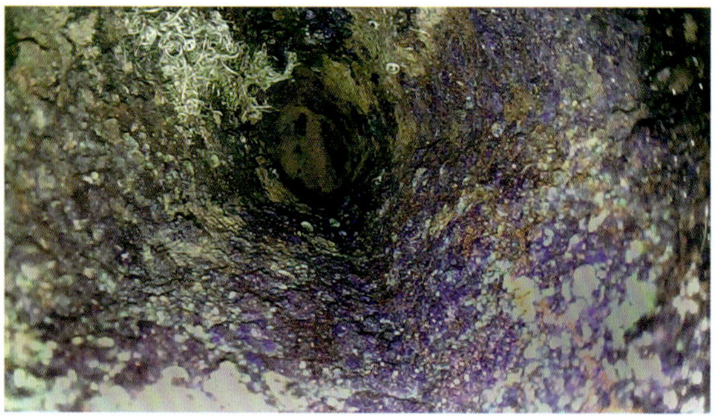

图 123　西汉刻虎纹铜剑（石甲 M6 ： 39）锈蚀

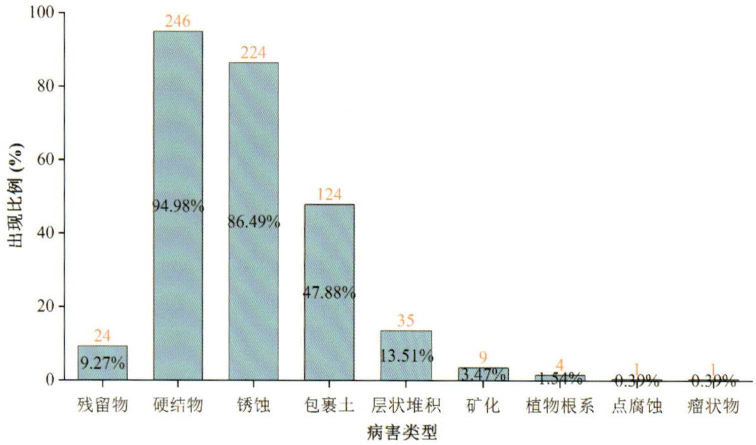

图 124　内窥图检测病害分布比例

（九）硝酸银定性分析

利用硝酸银定性分析法对青铜文物淡绿色锈蚀进行了硝酸银定性分析，发现有 7 件器物表面存在氯化物，分别为西汉羊角纽铜钟（石甲 M6 ： 125）、西汉无格铜剑（石甲 M6 ： 29）、西汉猎首纹铜剑柄残件（石四 38A）、西汉立豹铜矛（石三 48）、西汉铜斧（石甲 M3 ： 84/ 石三 165）、西汉刻凤纹铜矛（石甲 M3 ： 108/ 石三 76）、西汉铜镦（石甲 M3 ： 9/ 石三 5-1）等器物。这些青铜器需要在修复过程中剔除有害锈蚀，防止有害锈对文物造成的进一步损害。有害锈并非为该批样品的主要威胁，但是有产生“青铜病”的风险，在后续的保存管理中需要严格控制湿度。

表 5　7 件器物含氯化物检测结果

序号	器物名称编号	取样点	检测结果	检测结果	备注
1	西汉羊角纽铜钟（石甲 M6 ： 125）		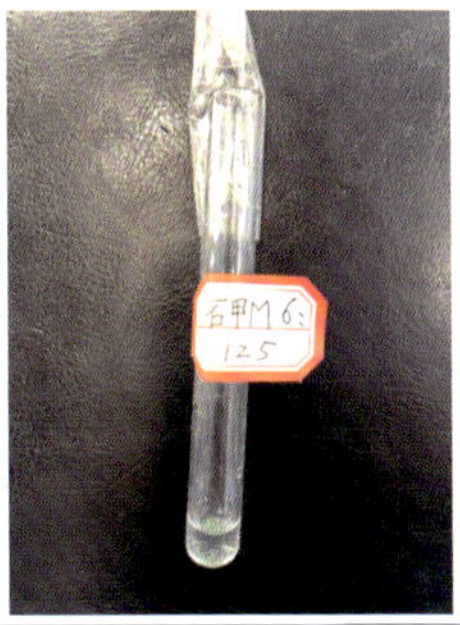 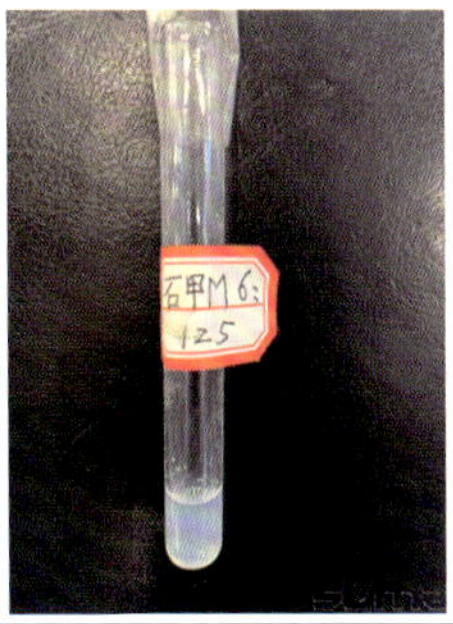	可以判断出器物表面有氯化物	在后期修复过程中应对器物进行除氯工作
2	西汉猎首纹铜剑柄残件（石四 38A）		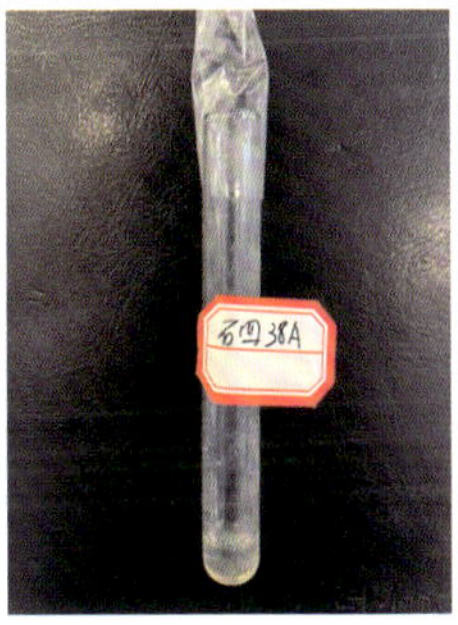 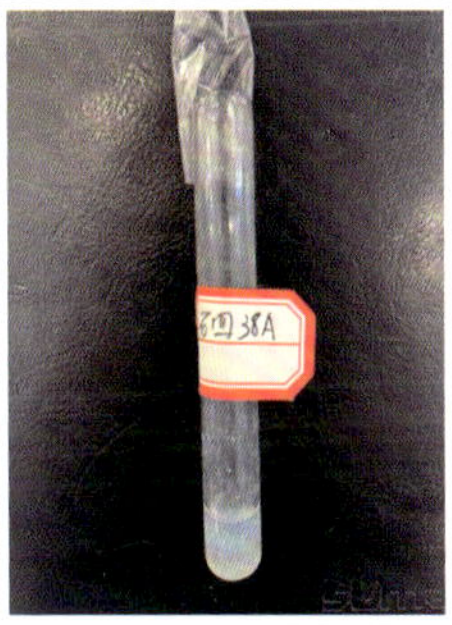	可以判断出器物表面有氯化物	在后期修复过程中应对器物进行除氯工作
3	西汉立豹铜矛（石三 48）		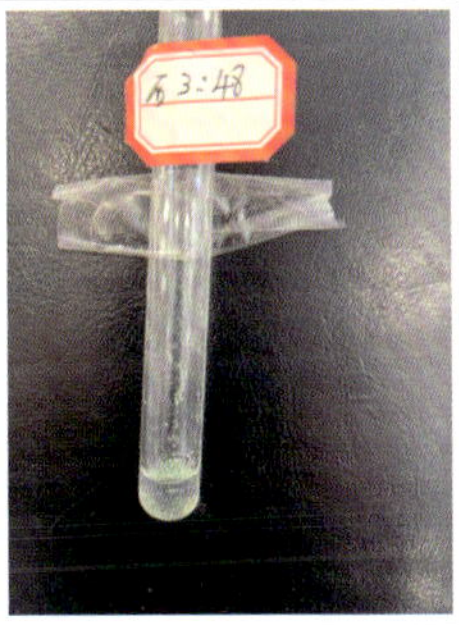 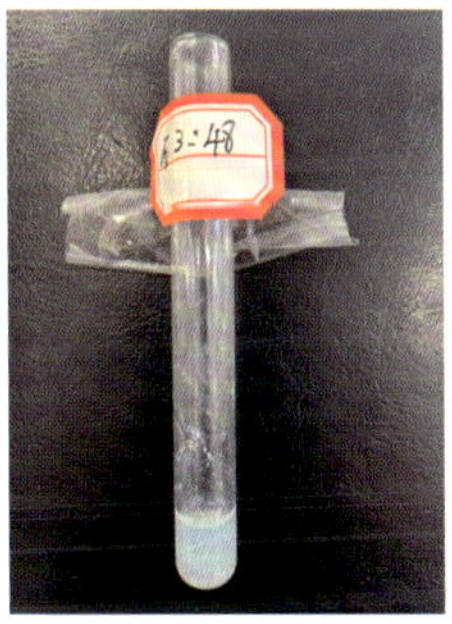	可以判断出器物表面有氯化物	在后期修复过程中应对器物进行除氯工作
4	西汉无格铜剑（石甲 M6 ： 29）	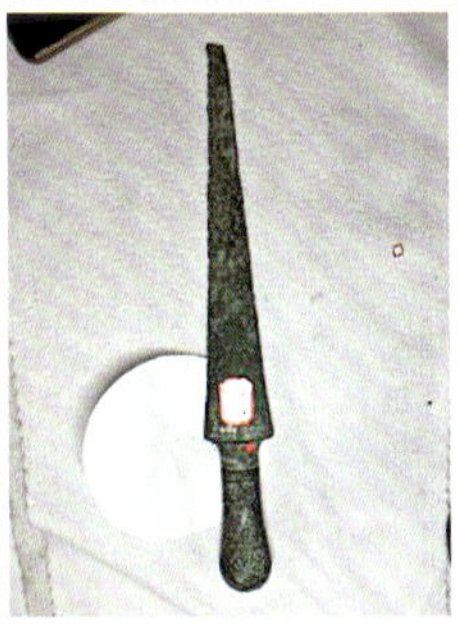	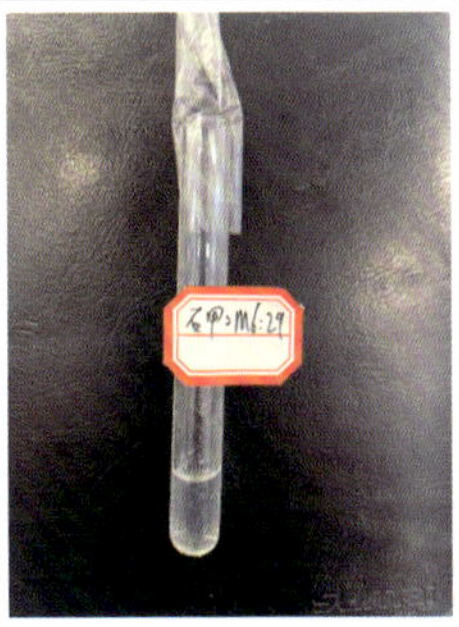 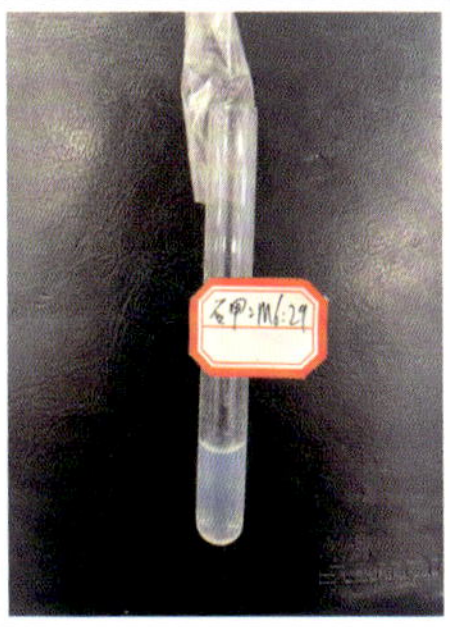	可以判断出器物表面有氯化物	在后期修复过程中应对器物进行除氯工作

（续表）

序号	器物名称编号	取样点	检测结果		检测结果	备注
5	西汉铜斧（石甲M3 ：84/石三165）	 	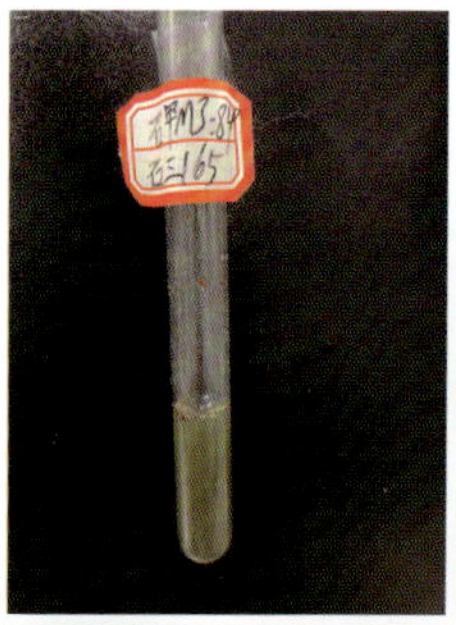 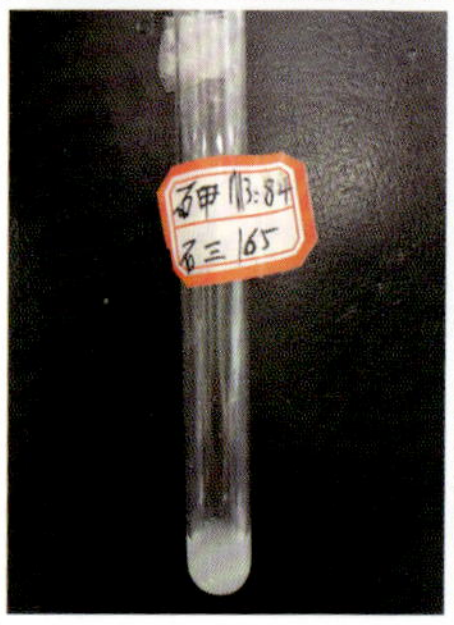	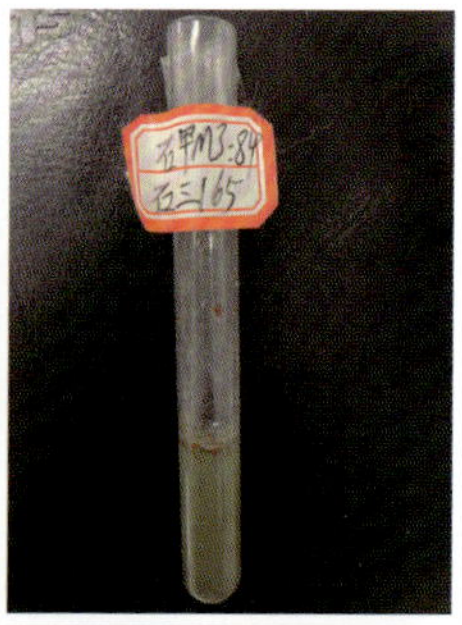 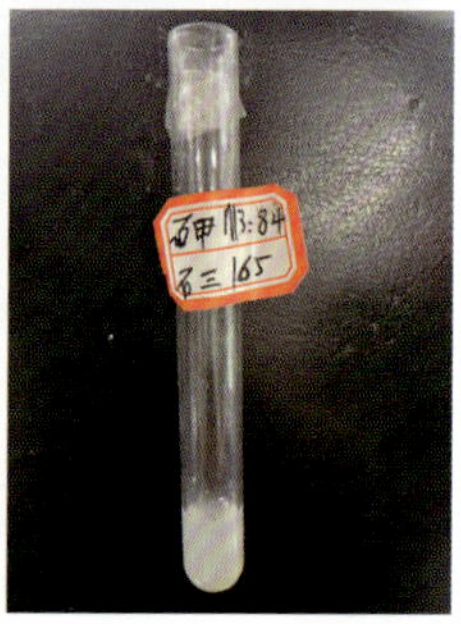	可以判断出器物表面有氯化物	在后期修复过程中应对器物进行除氯工作
6	西汉铜镦（石甲M3 ：9/石三5-1）	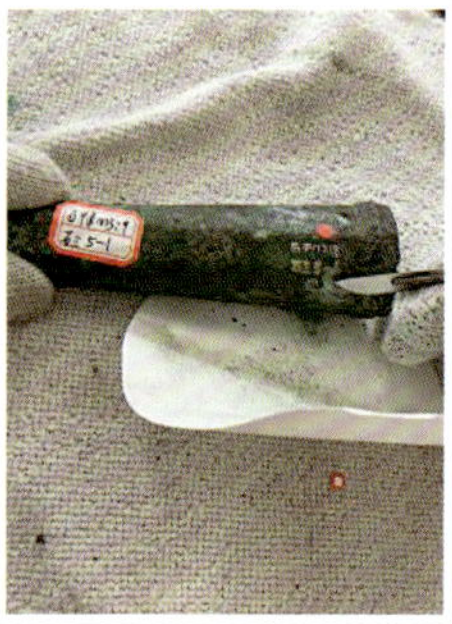	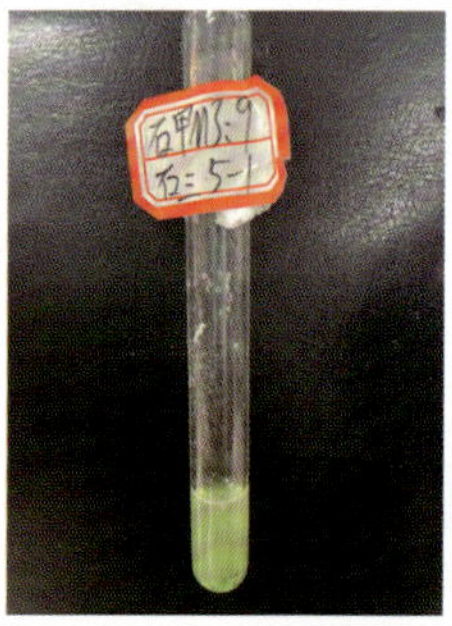	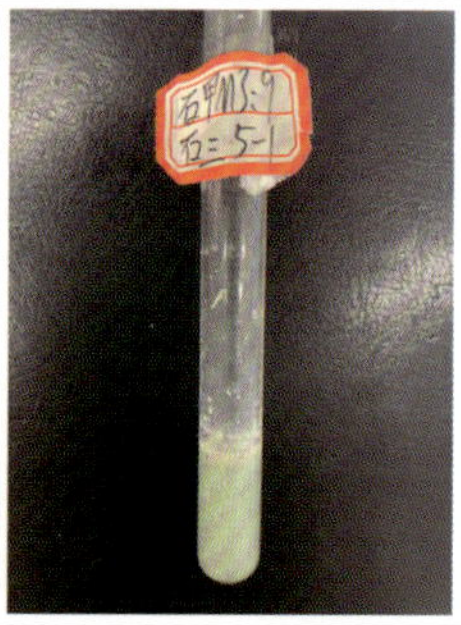	可以判断出器物表面有氯化物	在后期修复过程中应对器物进行除氯工作
7	西汉刻凤纹铜矛（石甲M3 ：108/石三76）	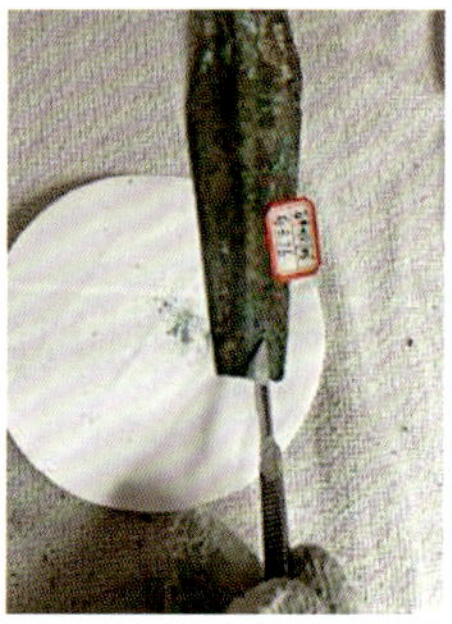	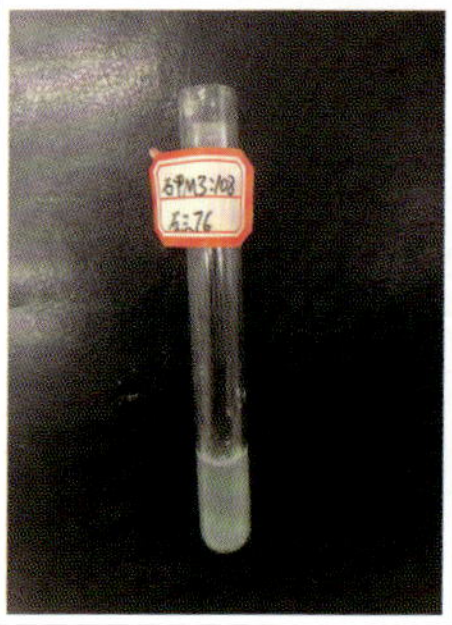	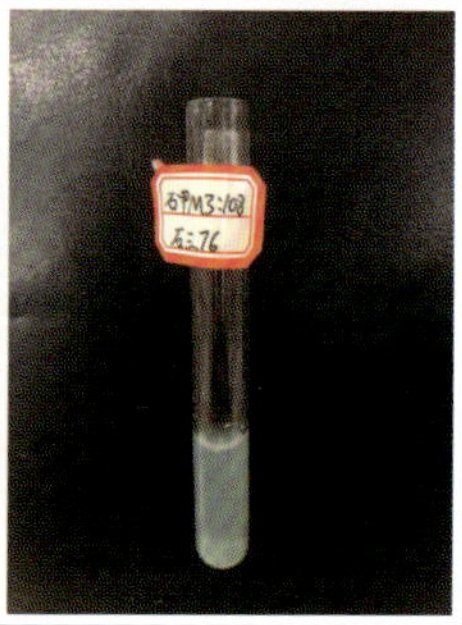	可以判断出器物表面有氯化物	在后期修复过程中应对器物进行除氯工作

五　保护修复工艺流程

经过前期病害统计及分析检测，确定了该批青铜器的保护修复方法，具体操作步骤及方法如下。

（一）清理

在对文物本体进行保护修复时，要先开展局部试验，避免修复时出现失误。

对碳酸盐、硫酸盐沉积等表面硬结物及污染物进行清除，孔雀石等稳定无害锈蚀产物原则上不做清理。对大体完整、质地较好、矿化相对弱的器物，采用机械法进行清理。严重锈蚀的区域可利用手术刀、毛刷等工具进行清理。对质地较好、体量较小的器物，采用“去离子水 + 超声波振荡”去除器物表面附着物。对质地较差器物上的疏松土垢，采用 1 ∶ 1 无水乙醇和蒸馏水混合溶液软化后，用手术刀去除；如遇坚硬泥沙，采用 5% ～ 15% 六偏磷酸钠水溶液棉团贴覆法软化后去除（图

图 125　立牛铜伞盖（江李 22 ∶ 8）清理

125、126）。

对硬度较大的附着物，采用 5% ~ 15% 六偏磷酸钠水溶液和超声波振荡后机械去除。清除后将器物用蒸馏水反复清洗数次，防止药液、尘土等遗留在器物上。清理过程中如果遇到一些与器物的制作、装饰等相关的工艺信息时应及时进行记录、拍照。对清理后的锈蚀进行硝酸银定性分析检测。

图 126　铜伞盖（江李 M23 ：28）清理

（二）有害锈处理

根据离子色谱分析及硝酸银定性检测结果，如青铜器存在有害氯离子，可先采用机械方法剔除有害锈蚀。对于仅发生点状腐蚀的青铜器，使用手术刀、小型牙钻等机械工具剔除干净，并使用 1% ~ 3% 过氧化氢水溶液进行转化，再用去离子水把器物清洗干净（图 127、128）。

图 127　西汉羊角纽铜钟（石甲 M6 ： 125）有害锈处理

图 128　西汉无格铜剑（石甲 M6 ： 29）有害锈处理

（三）加固

对矿化严重、酥粉的器物用1%～5%的B-72乙酸乙酯溶液对矿化部位进行反复渗透加固（图129、130）。

图 129　立牛铜伞盖（江李 22 ： 8）加固

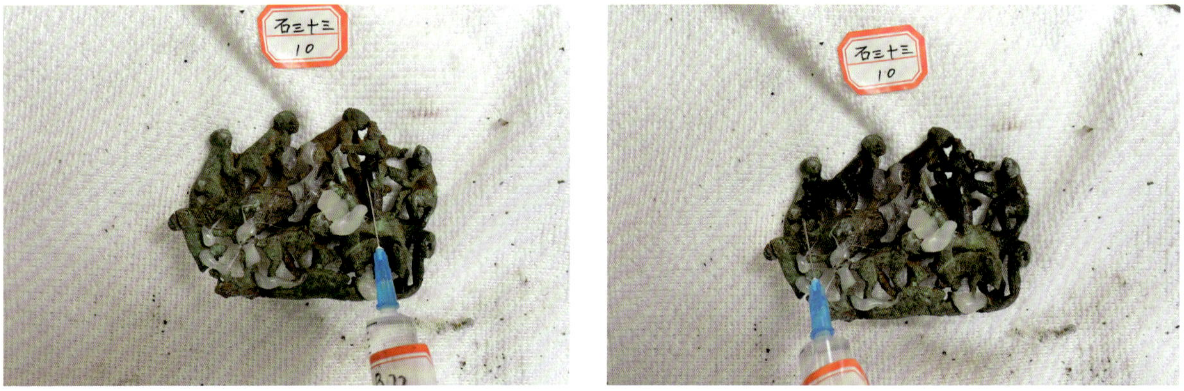

图 130　西汉猴鹿兔狗猪铜扣饰（石三十三石 10）加固

（四）粘接补配

将 3A 环氧树脂黏合剂加滑石粉与矿物颜料搅拌均匀，涂抹在器物需要粘接补配的位置，凝固后打磨平整（图 131、132）。

图 131　立牛铜伞盖（江李 22 ：8）粘接补配

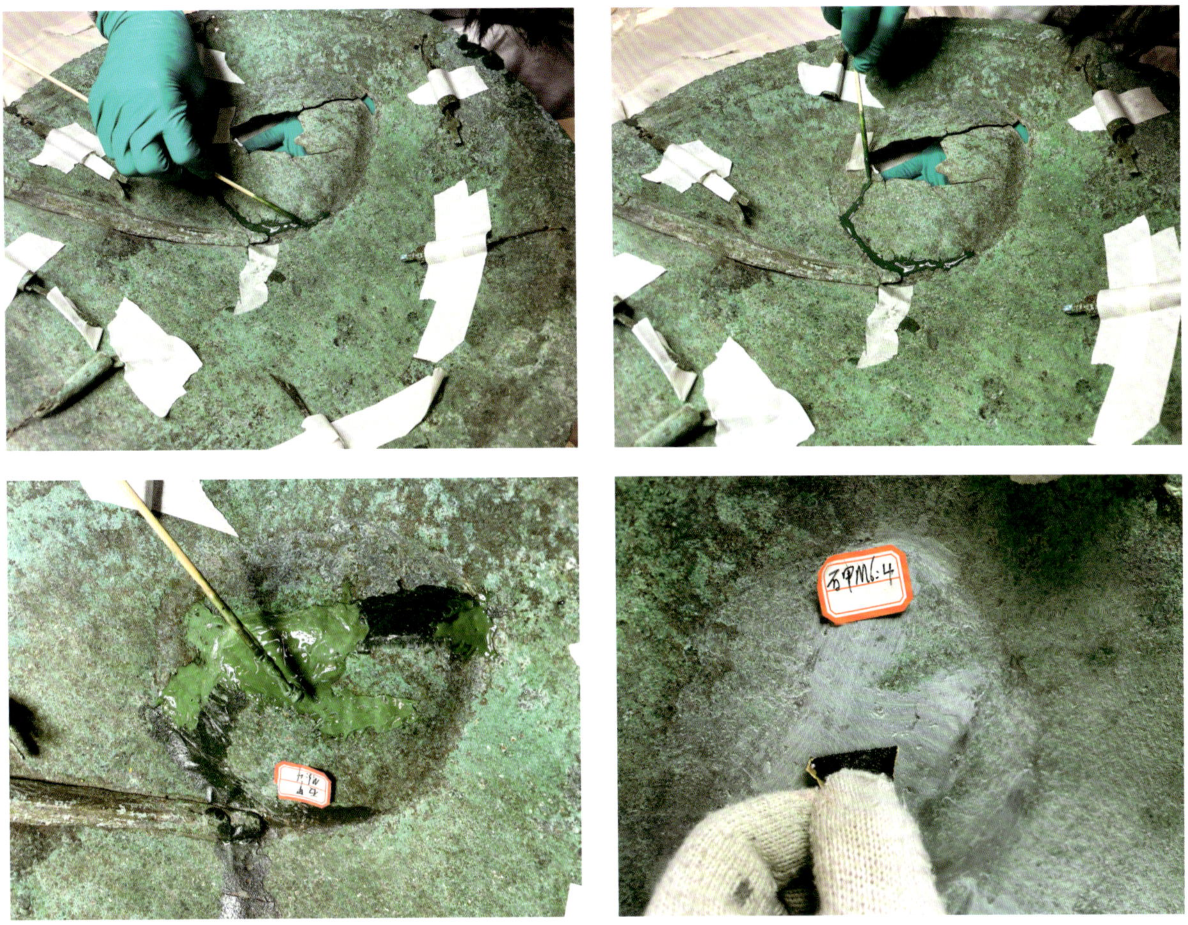

图 132　西汉镀锡带柄铜伞盖（石甲 M6 ：4）粘接补配

（五）缓蚀

对器物进行缓蚀处理是为了加强修复的稳定效果。在器表涂刷 1% ~ 3% 的 BTA 乙醇溶液进行缓蚀处理（图 133、134）。

图 133　西汉羊角纽铜钟（石甲 M6 ：125）缓蚀处理

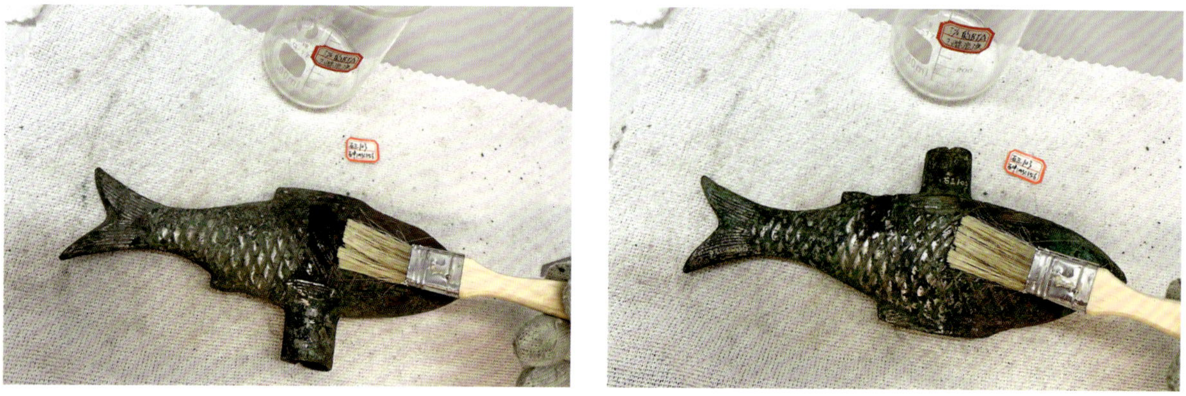

图 134　西汉铜鱼杖头（石甲 M3 ： 156）缓蚀处理

（六）封护

封护前把器物放置到烘干箱里面，温度调至 50 摄氏度，烘干 30 分钟左右（图 135）。待器物完全干燥后，用 2% 的 B72 乙酸乙酯溶液对器物进行均匀涂刷封护（图 136、137）。

图 135　烘干器物

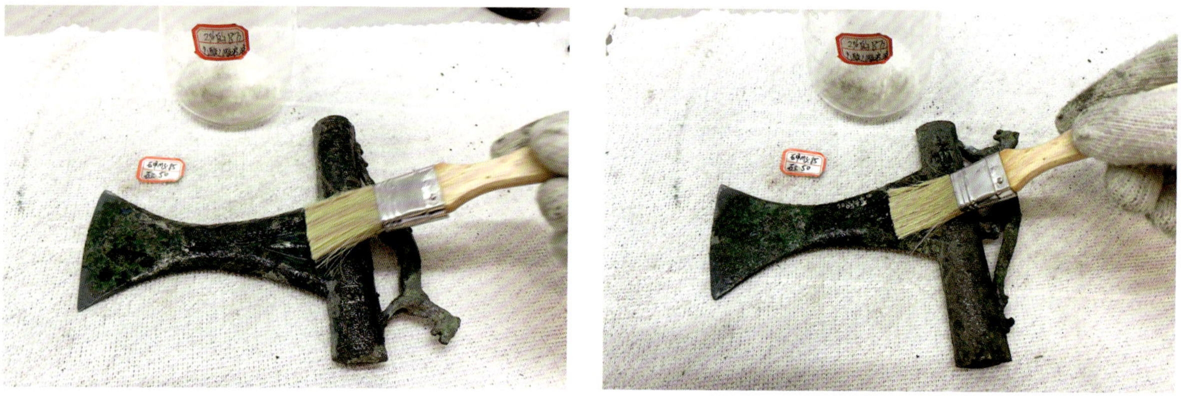

图 136　西汉立豹铜斧（石甲 M3 ： 85/ 石三 50）封护

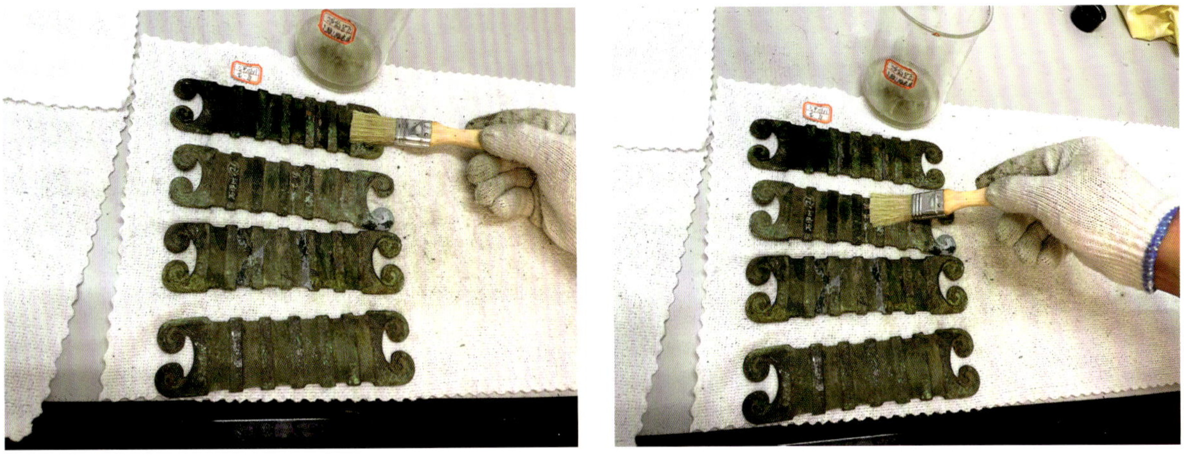

图 137　西汉铜绕线板（石甲 M1 ： 21）封护

（七）协色

预先进行小范围的试色，试色通过后，将补配区域按照器物表面纹饰、弧度打磨平滑，用虫胶乙醇溶液加入需要的矿物颜料调出与器表锈蚀物颜色相近的混合颜料，反复以点、涂、弹、拨等方式对器物粘接补配的部位进行协色处理，使器物整体颜色及形态尽量与器物其他部位协调一致（图 138、139）。

图 138　西汉羊角纽铜钟（石甲 M6 ： 125）协色

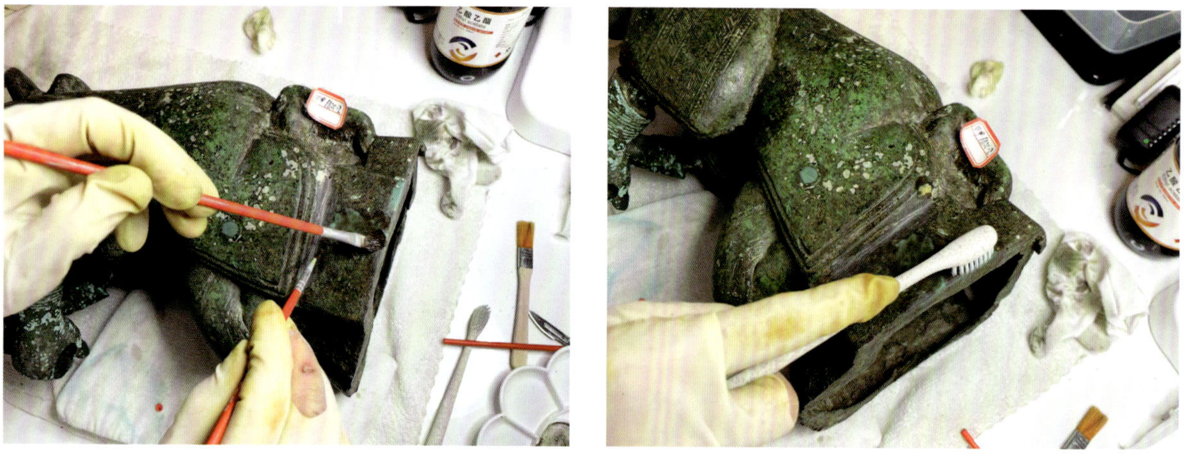

图 139　西汉铜执伞女俑（石甲 M20 ： 2）协色

（八）完善档案

在前期建档基础上，填写保护修复档案。档案填写做到详细、规范，主要内容包括文物照片、病害图，以及修复中的每一个步骤所使用的修复材料和工艺记录等。

（九）预防性保护建议及微环境控制措施

环境温、湿度波动，光照水平，污染气体等因素都会对金属文物的保存产生较大的影响。根据《博物馆藏品保存环境试行规范》要求，参考国际文物保护协会、国际博物馆学会、国际保存修复中心等组织的有关金属文物保存环境要求与标准，修复后的金属文物的保存条件应达到如下要求：最佳保存温度控制在20摄氏度左右，日波动范围应小于5摄氏度，相对湿度不应超过45%，日波动范围应小于5%，库房密闭，配备空气净化系统或过滤装置。

展出时要轻拿轻放，包装合理，避免剧烈振动，尽量保持恒温恒湿，防止有害气体入侵，达到相对化学、环境平衡，有利于文物保护，定期巡检，展出的青铜器定期轮换。

六 保护修复案例档案示例

（一）档案1

馆藏金属文物保护修复记录

项目名称：云南省博物馆馆藏青铜文物保护修复

文物名称：西汉祭祀人物铜鼓形贮贝器

文物编号：石甲 M1 ：57A

2021年12月

中华人民共和国国家文物局制

基本信息表

<table>
<tr><td colspan="2">文物名称</td><td colspan="2">西汉祭祀人物铜鼓形贮贝器</td><td>文物登录号</td><td colspan="2">石甲M1 ： 57A</td></tr>
<tr><td colspan="2">文物材质</td><td colspan="2">铜</td><td>文物时代</td><td colspan="2">西汉</td></tr>
<tr><td colspan="2">文物级别</td><td colspan="2">一级</td><td>收藏单位</td><td colspan="2">云南省博物馆</td></tr>
<tr><td rowspan="3">文物来源</td><td colspan="6">考古发掘</td></tr>
<tr><td>发掘时间</td><td colspan="5">无</td></tr>
<tr><td>发掘地点</td><td colspan="5">昆明市晋宁区石寨山1号古墓</td></tr>
<tr><td colspan="2">保存现状</td><td colspan="5">该器物有前人修复痕迹。器表有锈蚀，土蚀积垢和硬结物。局部矿化、残缺，裂隙。</td></tr>
<tr><td colspan="2">保护修复历史记录</td><td colspan="5">无</td></tr>
<tr><td colspan="2">方案设计单位</td><td colspan="2">云南省博物馆</td><td>保护修复单位</td><td colspan="2">云南省博物馆</td></tr>
<tr><td colspan="2">提取经办人</td><td colspan="2">刘洁、潘娇、陆静杰、许晖、唐永宏、张凌、赵国刚、李茜、郭玲妃</td><td>提取日期</td><td colspan="2">2021.12.21</td></tr>
<tr><td colspan="2">返还经办人</td><td colspan="2">刘洁、潘娇、陆静杰、许晖、唐永宏、张凌、赵国刚、李茜、郭玲妃</td><td>返还日期</td><td colspan="2">2022.03.20</td></tr>
<tr><td colspan="2">方案名称和编号</td><td colspan="5">云南省博物馆馆藏西汉祭祀人物铜鼓形贮贝器保护修复方案</td></tr>
<tr><td colspan="2">批准单位</td><td>国家文物局</td><td>批准时间</td><td>2020年</td><td>批准文号</td><td>文物博函〔2020〕235号</td></tr>
</table>

文物保存现状表

<table>
<tr><td>保护处理前尺寸（cm）</td><td>通高：32；腹径：31；
口径：34.5；（盖）直径：28.5</td><td>保护处理前重量（g）</td><td>10200</td></tr>
<tr><td>文物原埋藏
及保存环境</td><td colspan="3">该青铜器埋藏于昆明市晋宁区石寨山1号墓，保护修复前保存在云南省博物馆文物库房内，库房内有恒温恒湿设备，温湿度相对稳定。</td></tr>
<tr><td rowspan="2">病害状况</td><td colspan="3">该器物有前人修复痕迹。器表有锈蚀，土蚀积垢和硬结物。局部矿化、残缺，裂隙。</td></tr>
<tr><td colspan="3">
西汉祭祀人物铜鼓形贮贝器
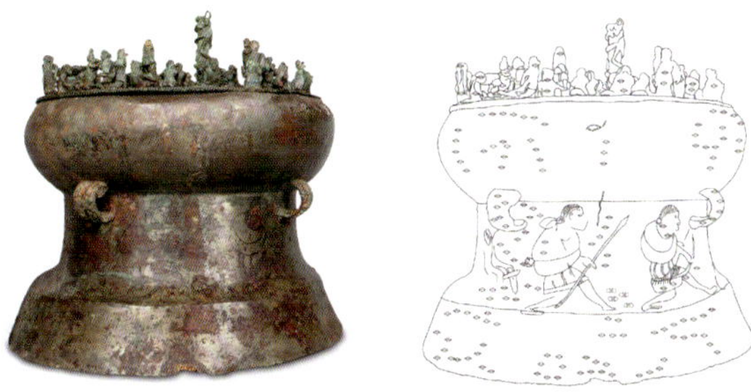
<table>
<tr><td>文物号</td><td>石甲M1：57A</td></tr>
<tr><td>名称</td><td>西汉祭祀人物铜鼓型贮备器</td></tr>
<tr><td>年代</td><td>汉</td></tr>
<tr><td>收藏单位</td><td>云南省博物馆</td></tr>
<tr><td>级别</td><td>一级</td></tr>
<tr><td>项目名称</td><td>云南省博物馆馆藏青铜器文物保护修复项目</td></tr>
<tr><td>绘制单位</td><td>云南省博物馆</td></tr>
<tr><td>比例</td><td>1：1</td></tr>
<tr><td>绘制人</td><td>潘娇、李茜</td></tr>
<tr><td>审核人</td><td>刘洁</td></tr>
<tr><td>日期</td><td>2022.01.05</td></tr>
</table>
图例：表面硬结物　断裂
西汉祭祀人物铜鼓形贮贝器
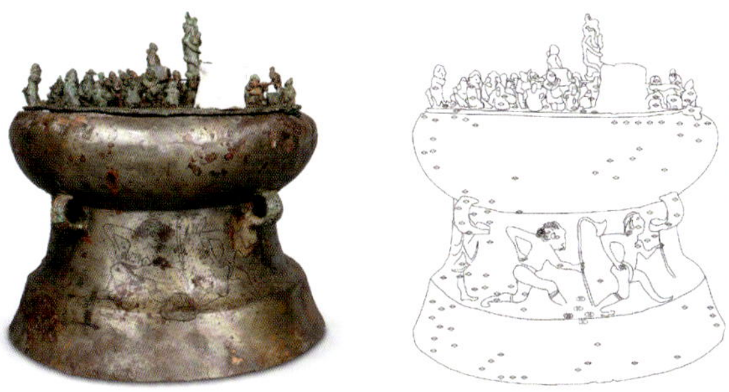
<table>
<tr><td>文物号</td><td>石甲M1：57A</td></tr>
<tr><td>名称</td><td>西汉祭祀人物铜鼓型贮备器</td></tr>
<tr><td>年代</td><td>汉</td></tr>
<tr><td>收藏单位</td><td>云南省博物馆</td></tr>
<tr><td>级别</td><td>一级</td></tr>
<tr><td>项目名称</td><td>云南省博物馆馆藏青铜器文物保护修复项目</td></tr>
<tr><td>绘制单位</td><td>云南省博物馆</td></tr>
<tr><td>比例</td><td>1：1</td></tr>
<tr><td>绘制人</td><td>潘娇、李茜</td></tr>
<tr><td>审核人</td><td>刘洁</td></tr>
<tr><td>日期</td><td>2022.01.05</td></tr>
</table>
图例：表面硬结物　补铸痕迹
</td></tr>
</table>

（续表）

病害状况

西汉祭祀人物铜鼓形贮贝器

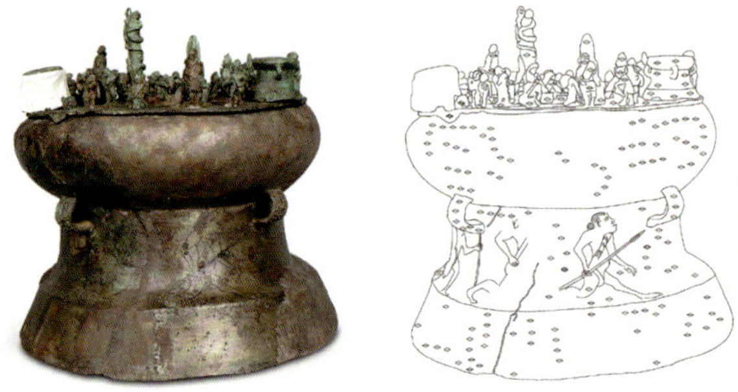

文物号	石甲 M1：57A
名称	西汉祭祀人物铜鼓型贮备器
年代	汉
收藏单位	云南省博物馆
级别	一级
项目名称	云南省博物馆馆藏青铜器文物保护修复项目
绘制单位	云南省博物馆
比例	1：1
绘制人	潘娇、李茜
审核人	刘洁
日期	2022.01.05

图例：表面硬结物　断裂

西汉祭祀人物铜鼓形贮贝器

文物号	石甲 M1：57A
名称	西汉祭祀人物铜鼓型贮备器
年代	汉
收藏单位	云南省博物馆
级别	一级
项目名称	云南省博物馆馆藏青铜器文物保护修复项目
绘制单位	云南省博物馆
比例	1：1
绘制人	潘娇、李茜
审核人	刘洁
日期	2022.01.05

图例：表面硬结物

西汉祭祀人物铜鼓形贮贝器

文物号	石甲 M1：57A
名称	西汉祭祀人物铜鼓型贮备器
年代	汉
收藏单位	云南省博物馆
级别	一级
项目名称	云南省博物馆馆藏青铜器文物保护修复项目
绘制单位	云南省博物馆
比例	1：1
绘制人	潘娇、李茜
审核人	刘洁
日期	2022.01.05

图例：表面硬结物

（续表）

<table>
<tr><td>病害状况</td><td>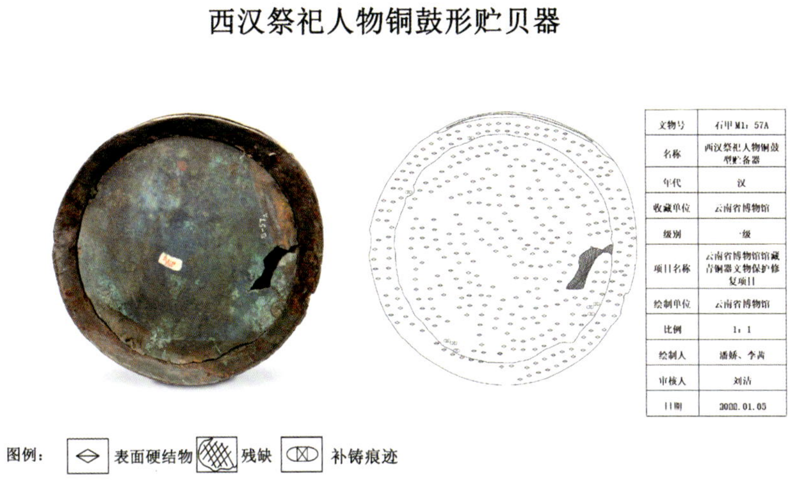
</td></tr>
<tr><td>原保护
修复情况</td><td>有前人修复痕迹</td></tr>
<tr><td>保护修复前图像资料</td><td></td></tr>
</table>

（续表）

保护修复前图像资料	  

（续表）

保护修复前图像资料	 
备注	——

文物检测分析表

采样位置	检测目的	检测分析方法	检测结果										备注
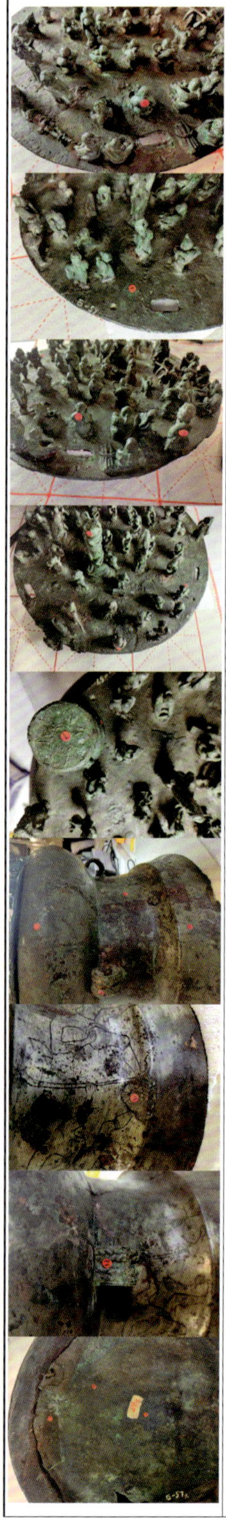	合金成分	XRF	元素	1	2	3	4	5	6	7	8		Bruker:S1 TITAN 的手持式 X 荧光光谱仪
			Al	3.46	3.77	0.95	3.83	2.05	0.72	1.06	2.77		
			Si	9.13	8.26	3.29	13.15	3.05	4.41	2.28	5.29		
			P	0.57	1.01	0.87	0.46	6.60	1.42	1.48	0.60		
			S	0.50	0.00	0.00	0.51	0.05	0.51	0.00	1.18		
			Fe	0.77	1.02	0.51	0.89	0.50	0.12	0.34	2.78		
			Cu	75.50	50.88	70.15	70.71	57.16	80.97	65.72	72.69		
			Sn	8.30	29.13	9.89	9.16	14.53	10.42	24.99	12.32		
			Pb	1.24	5.04	14.16	0.97	15.80	1.03	3.76	1.51		
			元素	9	10	11	12	13	14	15	16	平均值	
			Al	1.51	1.90	1.38	3.11	4.90	5.63	5.06	1.49	2.72	
			Si	2.84	3.38	3.29	8.77	8.59	8.20	5.82	3.36	5.81	
			P	0.64	1.66	0.27	0.22	1.87	0.30	0.22	0.16	1.15	
			S	0.73	1.02	1.68	1.43	2.16	0.71	0.19	3.70	0.90	
			Fe	3.31	4.69	0.23	0.34	0.28	0.93	0.55	0.23	1.09	
			Cu	74.68	70.27	88.63	81.20	79.84	77.79	74.93	75.49	72.91	
			Sn	14.29	13.38	3.63	4.16	1.42	6.06	12.78	14.65	11.82	
			Pb	1.40	2.48	0.60	0.39	0.67	0.20	0.10	0.34	3.10	

（续表）

采样位置	检测目的	检测分析方法	检测结果	备注
粉末状锈蚀 	锈蚀产物	XRD	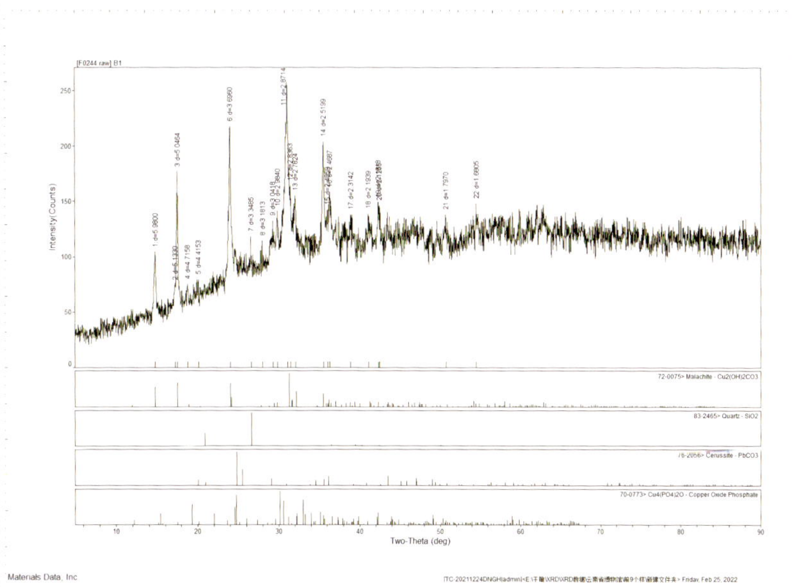 分析结果：该西汉祭祀人物铜鼓形贮贝器（石甲 M1 ： 57A）锈蚀产物为孔雀石、白铅矿等。	日本理学 Rigaku TTRIII 型
整体扫描	揭示隐藏病害	X 射线成像	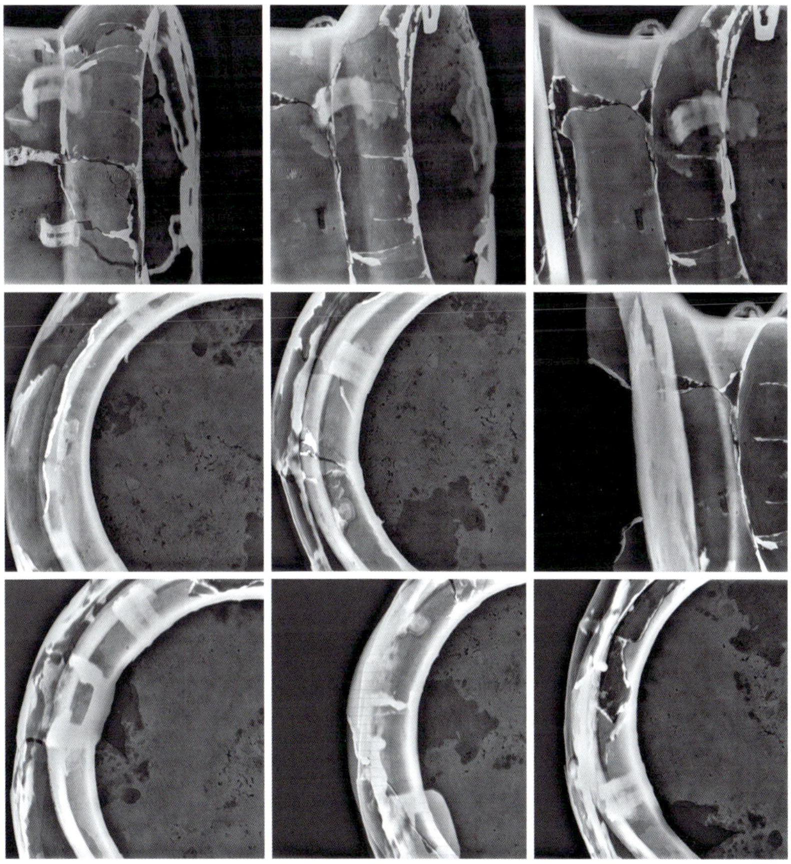	XXQ-2505 型号的 X 射线探伤仪

（续表）

采样位置	检测目的	检测分析方法	检测结果	备注
整体扫描	揭示隐藏病害	X 射线成像	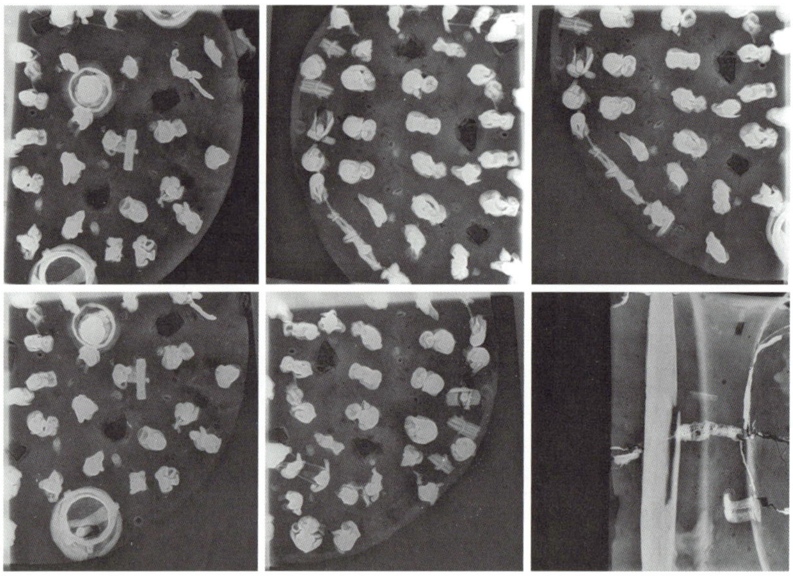 分析结果：西汉祭祀人物铜鼓形贮贝器（石甲 M1 ： 57A）表面纹饰较为清晰，器身有部分缺失，表面有较大裂隙，有修复痕迹，器物局部锈蚀严重，局部矿化。	XXQ-2505 型号的 X 射线探伤仪
——	表面形貌	超景深	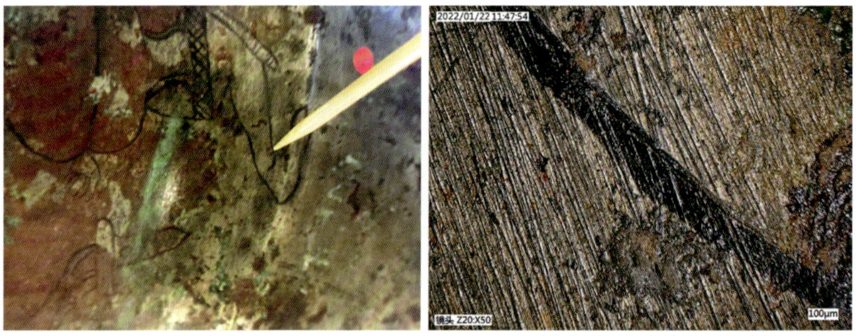 上图为纹饰处放大 50 倍的超景深观察结果，此处纹饰为黑色颜料勾画而成，表面有大量磨损划痕和几处不规则蚀坑，表面有封护层，疑为历史修复封护痕迹。	VHX-5000 超景深显微镜

（续表）

采样位置	检测目的	检测分析方法	检测结果	备注
——	表面形貌	超景深	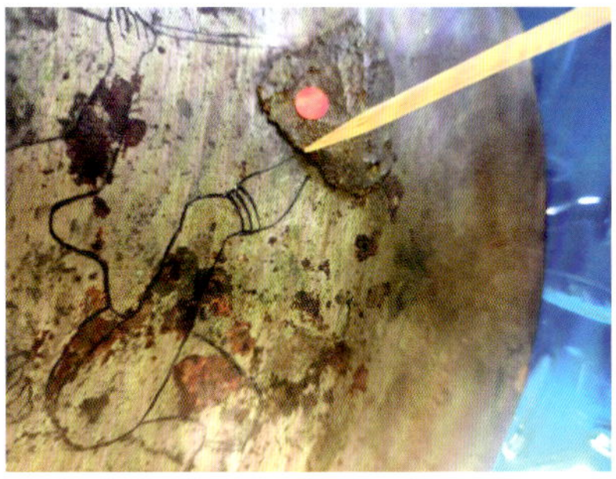  上图为补铸边缘处放大 50 倍的超景深观察结果，补铸处表面不平整且覆盖大量褐色和少量土色硬结物，疑为历史修复痕迹。   上图为纹饰处放大 50 倍的超景深观察结果，纹饰凸起有残缺，尖处圆滑，表面有绿锈，隐约有几处铜黄色泛光。   上图为柴火放大 50 倍的超景深观察结果，柴火饰品外形圆滑为一根带子绑住数根柴火样式，表面泛黄色光，有少许绿锈。	VHX-5000 超景深显微镜

（续表）

采样位置	检测目的	检测分析方法	检测结果	备注
	检测氯化物	定性分析	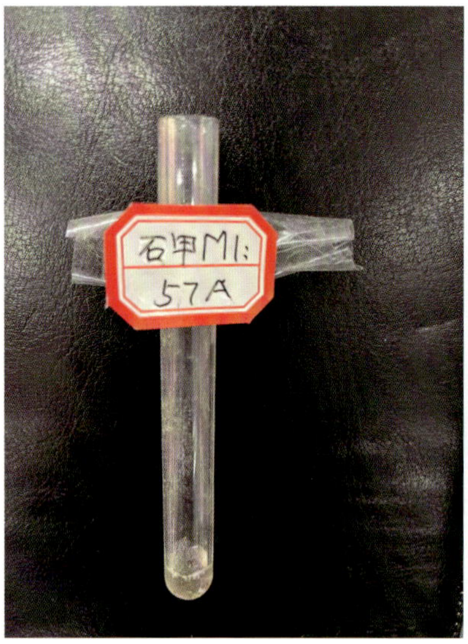 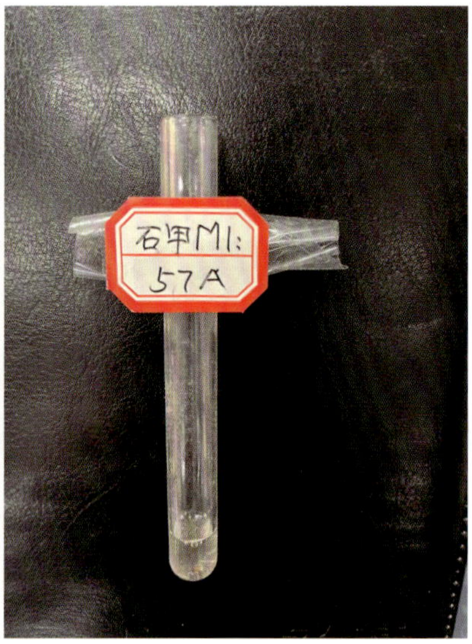 对保护修复的青铜器表面锈蚀进行刮取采样，向溶液中滴加几滴每升0.1%摩尔的 $AgNO_3$ 溶液后再加硝酸酸化，进行检测，如果试液颜色浑浊，说明锈蚀中含有氯化物，结果如上图所示，可以初步判断出器物表面无氯化物。	——
整体扫描	本体元素、矿化程度	扫描电镜能谱分析	测试条件：钨丝灯电子枪，背散射探头，激发电压为20千伏，扫描时间为60秒。成分含量以质量分数（Wt%）表示。 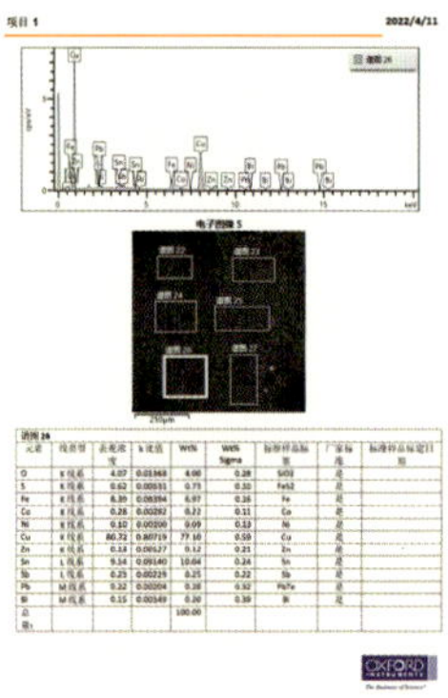 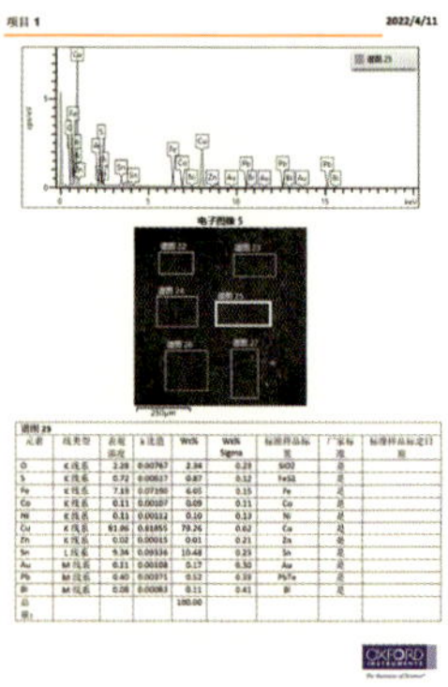 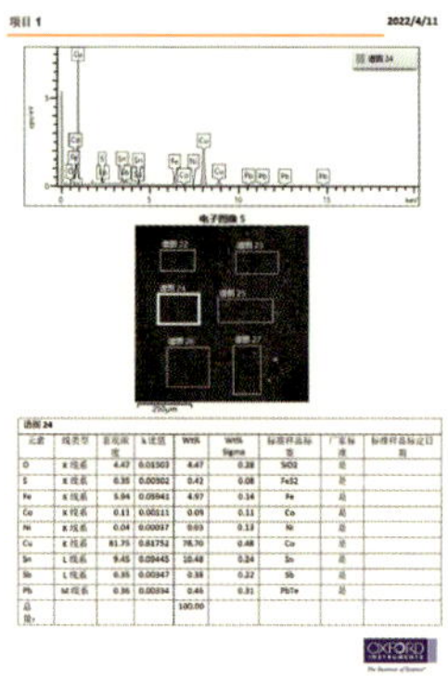	TESCAN VEGA-3XMU扫描电子显微镜、OXFORD INCA x-act X射线能谱仪

（续表）

<table>
<tr><th>采样位置</th><th>检测目的</th><th>检测分析方法</th><th colspan="7">检测结果</th><th>备注</th></tr>
<tr><td>整体扫描</td><td>本体元素、矿化程度</td><td>扫描电镜能谱分析</td><td colspan="7">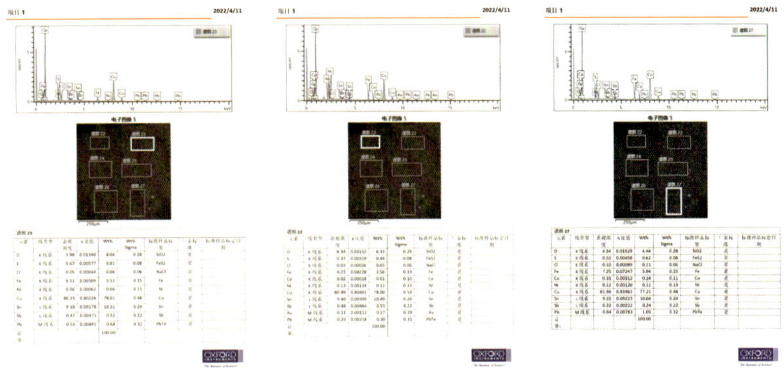
分析结果：该西汉祭祀人物铜鼓形贮贝器（石甲 M1 ∶ 57A）器物为铜锡合金，另外含有铁。</td><td>TESCAN VEGA-3XMU 扫描电子显微镜、OXFORD INCA x-act X 射线能谱仪</td></tr>
<tr><td rowspan="5">土样</td><td rowspan="5">土样中的离子</td><td rowspan="5">离子色谱</td><td>样品量</td><td>样品量</td><td>样品量</td><td>样品量</td><td>样品量</td><td>样品量</td><td>样品量</td><td rowspan="5">ICS-90/1000 离子色谱仪</td></tr>
<tr><td>mg/l</td><td>mg/l</td><td>mg/l</td><td>mg/l</td><td>mg/l</td><td>mg/l</td><td>mg/l</td></tr>
<tr><td>CL</td><td>NO3</td><td>SO4</td><td>Na</td><td>K</td><td>Mg</td><td>Ca</td></tr>
<tr><td>ECD_1</td><td>ECD_1</td><td>ECD_1</td><td>ECD_1_2</td><td>ECD_1_2</td><td>ECD_1_2</td><td>ECD_1_2</td></tr>
<tr><td>1.3631</td><td>0.6536</td><td>4.8091</td><td>1.1495</td><td>0.9518</td><td>0.6175</td><td>11.713</td></tr>
</table>

小结：初步推断该西汉祭祀人物铜鼓形贮贝器（石甲 M1 ∶ 57A）主要为铜、锡、铅三元合金。锈蚀产物为孔雀石、白铅矿、磷酸氧化铜等，都属于无害锈蚀，在后期保护修复过程中可以保留。表面纹饰较为清晰，器身有部分缺失，表面有较大裂隙，有修复痕迹，器物局部锈蚀严重，局部矿化。纹饰为黑色颜料勾画而成，表面有大量磨损划痕和几处不规则蚀坑，表面有封护层，疑为历史修复封护而成。在后期清理时应小心处置，以免破坏纹饰。补铸处表面不平整且覆盖大量褐色和少量土色硬结物，疑为历史修复痕迹。在器物表面覆盖土的除去过程中，应小心谨慎，避免对器物造成破坏与影响。土样阴离子主要为硫酸根，阳离子主要为钙离子，初步推测有存在粉状锈的可能。定性分析表明器物表面无有害锈，在后期的修复保护中可以保留无害锈，以做到“最小干预”。

文物保护修复表

文物保护修复情况综述

保护修复步骤：

1. 前期信息采集

1.1 采集影像资料（照相）

1.2 文物基本信息、保存现状记录

1.3 建立文物保护修复档案

1.4 科学检测分析

2. 清理

对表面较疏松的附着物，使用羊毛刷、牙刷、竹签等工具予以清除。较坚硬的需要去除的锈蚀，先使用棉签、脱脂棉蘸取去离子水、无水乙醇，再使用手术刀等工具慢慢清除。对清理后的锈蚀进行硝酸银定性分析检测。

3. 粘接补配

使用环氧树脂黏合剂加滑石粉和矿物颜料搅拌均匀，涂抹在器物需要粘接补配的位置，凝固后打磨平整。

4. 缓蚀

涂刷3%的BTA乙醇溶液进行缓蚀处理。

5. 封护

封护前把器物放置到烘干箱里面，温度调至50摄氏度，烘干30分钟。用2%的B72乙酸乙酯溶液对器物进行均匀涂刷，进行封护。

6. 协色

依据器物表面所包含的颜色，选择合适的矿物颜料色粉。先进行小范围的试色，用调好的混合颜料反复以涂、点、拨等方式对补配的区域进行协色，使其与器身颜色相协调、统一。协色完成后，将其置于通风处晾干。

7. 完善档案

完善修复中所涉及的所有信息，包括修复材料、修复方法、遇到问题、各类影像资料等。

所用材料及工具：

化学试剂：BTA、B72、无水乙醇、乙酸乙酯、硝酸银、过氧化氢、去离子水；

工具：毛刷、手术刀、牙钻、烘干机、烧杯、电子秤、吹风机、卡尺、镊子、卷尺、热风筒；

材料：竹签、脱脂棉、标签、砂纸、滤纸、油画笔、自封袋、磨头、橡皮泥、热熔胶、纸胶带、矿物颜料、漆片、环氧树脂黏合剂、滑石粉、铜皮；

防护用具：医用布手套、一次性医用口罩、一次性医用橡胶手套。

（续表）

保护修复日志

2021 年 12 月 24 日

对器物进行拍照，对器物进行测量称重。该器物局部矿化，表面有硬结物、土垢和锈蚀物。器物表面有前人修复痕迹，器物上有裂隙、残缺、破损。

2022 年 1 月 4 日

绘制病害图，对器物拍摄视频影像，进行 X 射线扫描检测和 X 荧光光谱分析。

2022 年 1 月 10 日

对器物进行采样，进行硝酸银定性分析。

2022 年 1 月 21 日

进行超景深显微检测。

2022 年 1 月 24 日

用手术刀对器物清理除锈工作，该器物锈色比较漂亮，清理过程中基本保留器物锈色，土蚀结构较少，再用软毛刷刷掉上面的浮土。

在清理过程中，对疑似粉状锈，用硝酸银定性分析检测，没有发现白色沉淀物，证明不是有害锈。

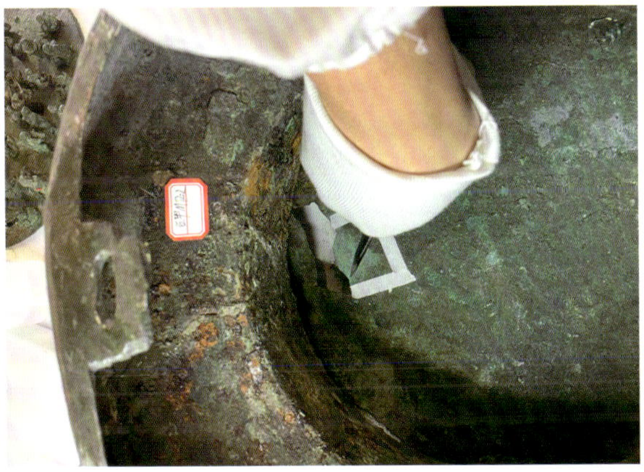

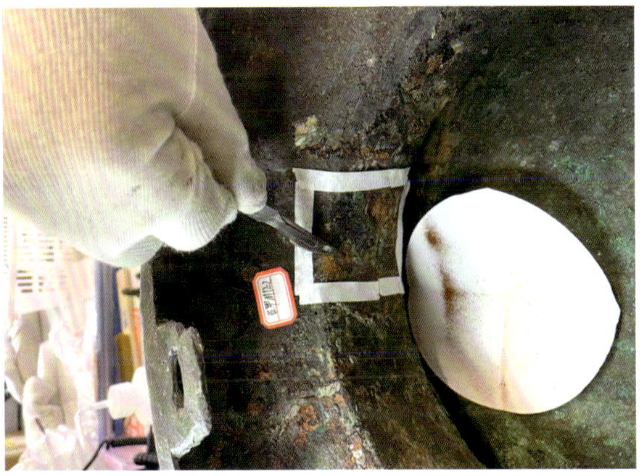

2022 年 2 月 25 日

清锈过程中发现器表有多处裂隙、前人焊接痕迹，粘接处未打磨平整，器物底部补胶处胶体与器物局部分离，用手术刀、打磨机把器物上多余的胶水、焊锡打磨平整。

调 3A 环氧树脂胶，把胶水涂抹在器底裂缝处，用热风枪加热。再用 F 钳固定。器物底部另一开裂处取下之前的胶片，重新用 3A 环氧树脂胶进行粘接补全。

器物底部有一处缺失，用剪刀剪出与缺失处形状大小合适的铜皮。把剪好的铜皮放到缺失处用胶带纸固定，再使用 3A 环氧树脂胶进行粘接补全。

用打磨机和砂纸对粘接补全的地方进行打磨，使其表面平整。

（续表）

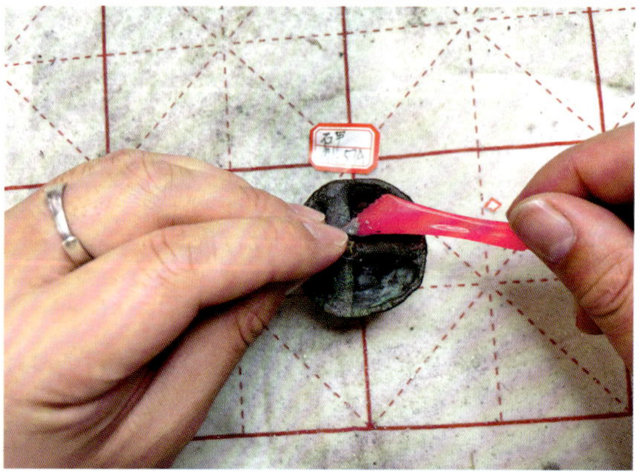

（续表）

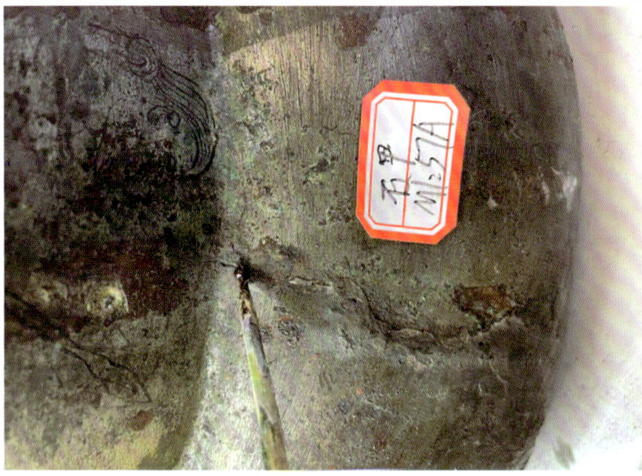

（续表）

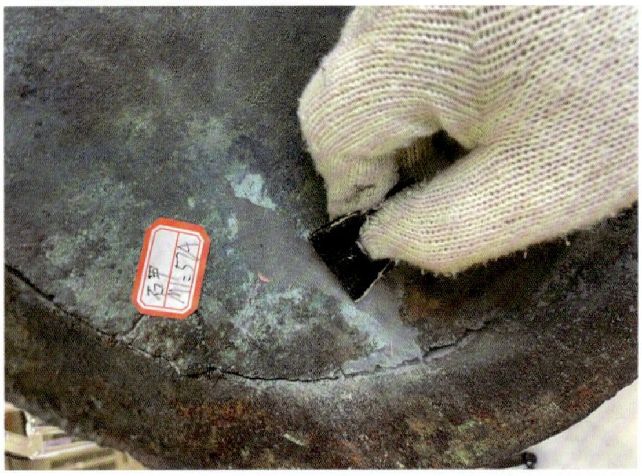

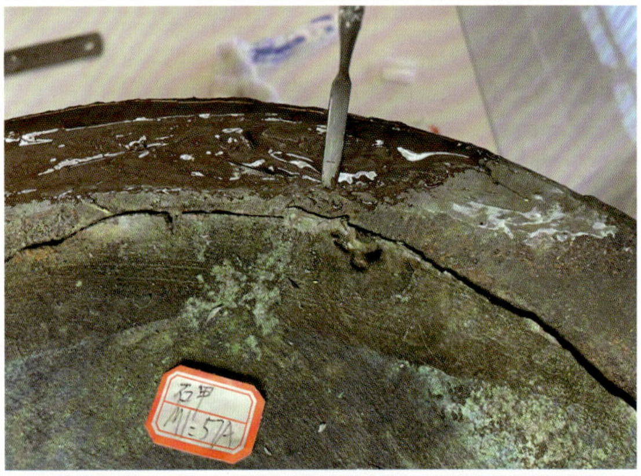

（续表）

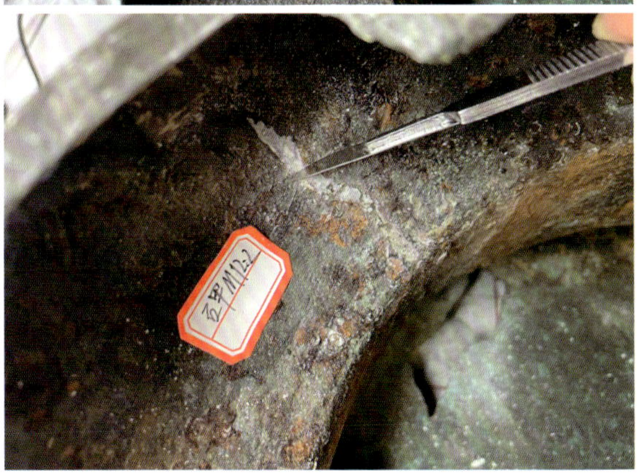

（续表）

2022 年 3 月 1 日

用 3% 的 BTA 乙醇溶液对器物进行均匀涂刷，进行缓蚀。

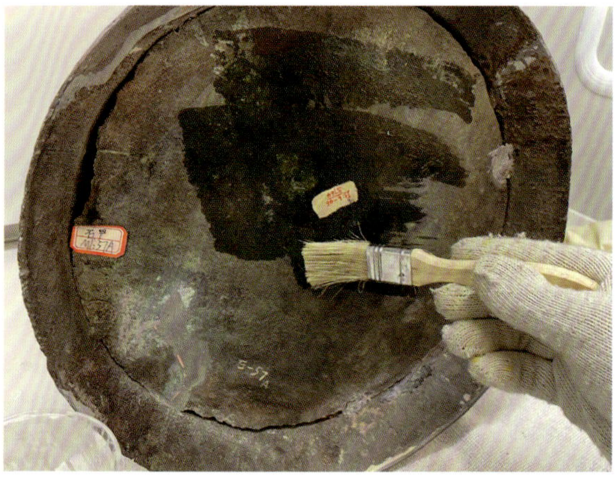

2022 年 3 月 2 日

封护前把器物放置到烘干箱里面，温度调至 50 摄氏度，烘干 30 分钟。用 2% 的 B72 乙酸乙酯溶液对器物进行均匀涂刷，进行封护。

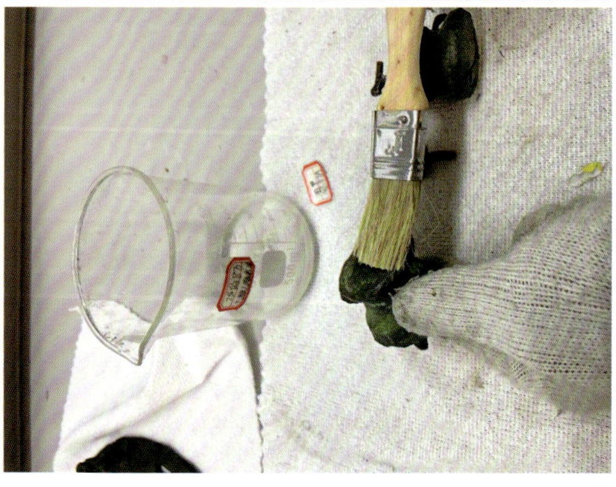

（续表）

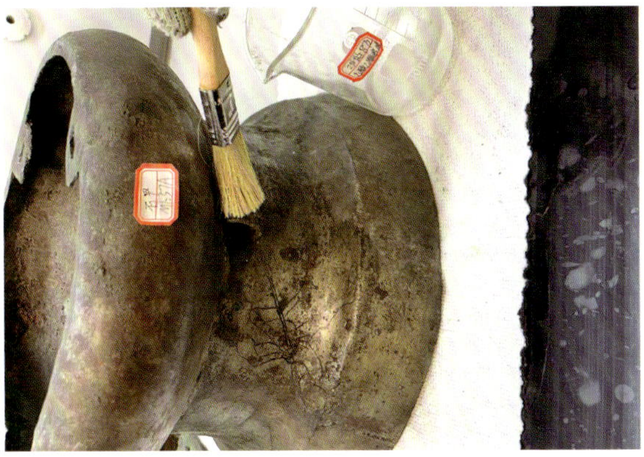
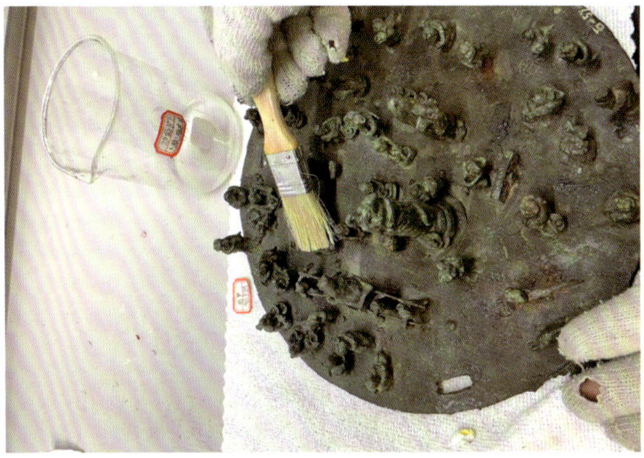

2022 年 3 月 4 日

利用虫胶乙醇溶液做胶黏剂，矿物颜料作色，通过不同手法将虫胶乙醇和颜料的混合物做到需要协色的部位，使其锈色与其他位置相同，达到锈色统一协调的效果。

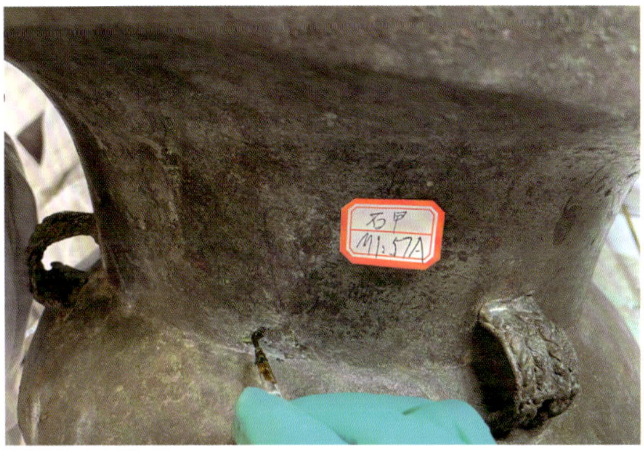
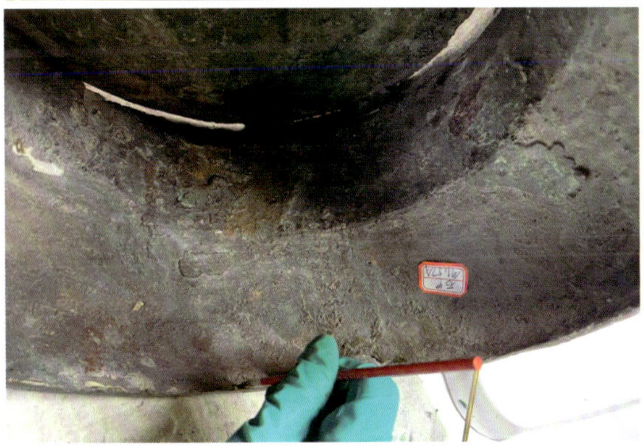
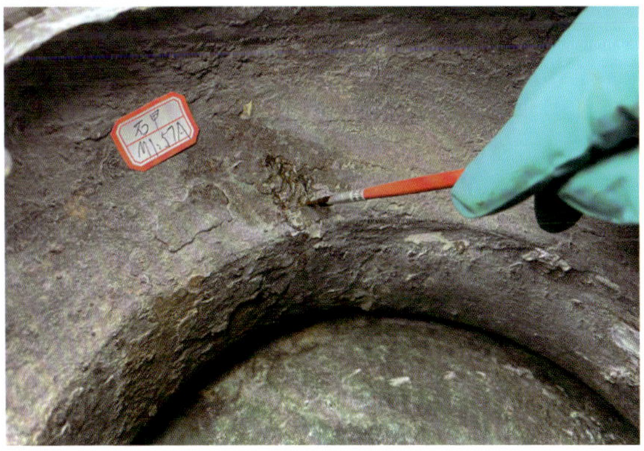

2022 年 3 月 5 日

对修复后的器物进行测量、称重，并拍摄修复后的照片。

2022 年 3 月 7 日

绘制二维线图，完善文物保护修复档案。

技术变更

无技术变更原因和变更方案

项目负责人意见及签名

（略）

（续表）

<table>
<tr><td>保护处理后尺寸（cm）</td><td>通高：32；腹径：31；
口径：34.5；（盖）直径：28.5</td><td>保护处理后重量（g）</td><td>9648</td></tr>
<tr><td>保护修复后图像资料</td><td colspan="3">
</td></tr>
</table>

（续表）

保护修复后图像资料	  

（续表）

<table>
<tr><td>保护修复后图像资料</td><td colspan="3">
</td></tr>
<tr><td>完成日期</td><td>2022.03.05</td><td>保护修复人</td><td>（略）</td></tr>
</table>

文物保护修复验收表

自评估意见：

该件文物的保护修复，严格遵照了文物保护修复基本原则，档案记载与病害图的绘制遵照了中华人民共和国文物保护行业标准《馆藏金属文物保护修复档案记录规范》（WW/T0010-2015）和《馆藏青铜器文物病害与图示》（GB/T30687-2014）的相关要求。

文物经保护修复后，病害得到消除与控制，文物能适应博物馆陈列展出与保管收藏的需要，完成了预期目标。

文物修复过程严格按照青铜器文物成熟修复方法和流程，为以后文物长久保存奠定了基础。

保护修复中遵循“修旧如旧”和“最小干预”等基本原则，成功地保护了这件珍贵文物，恢复了它原有风貌，使其历史、艺术价值得以充分体现。

验收意见：

（略）

附：保护修复流程图

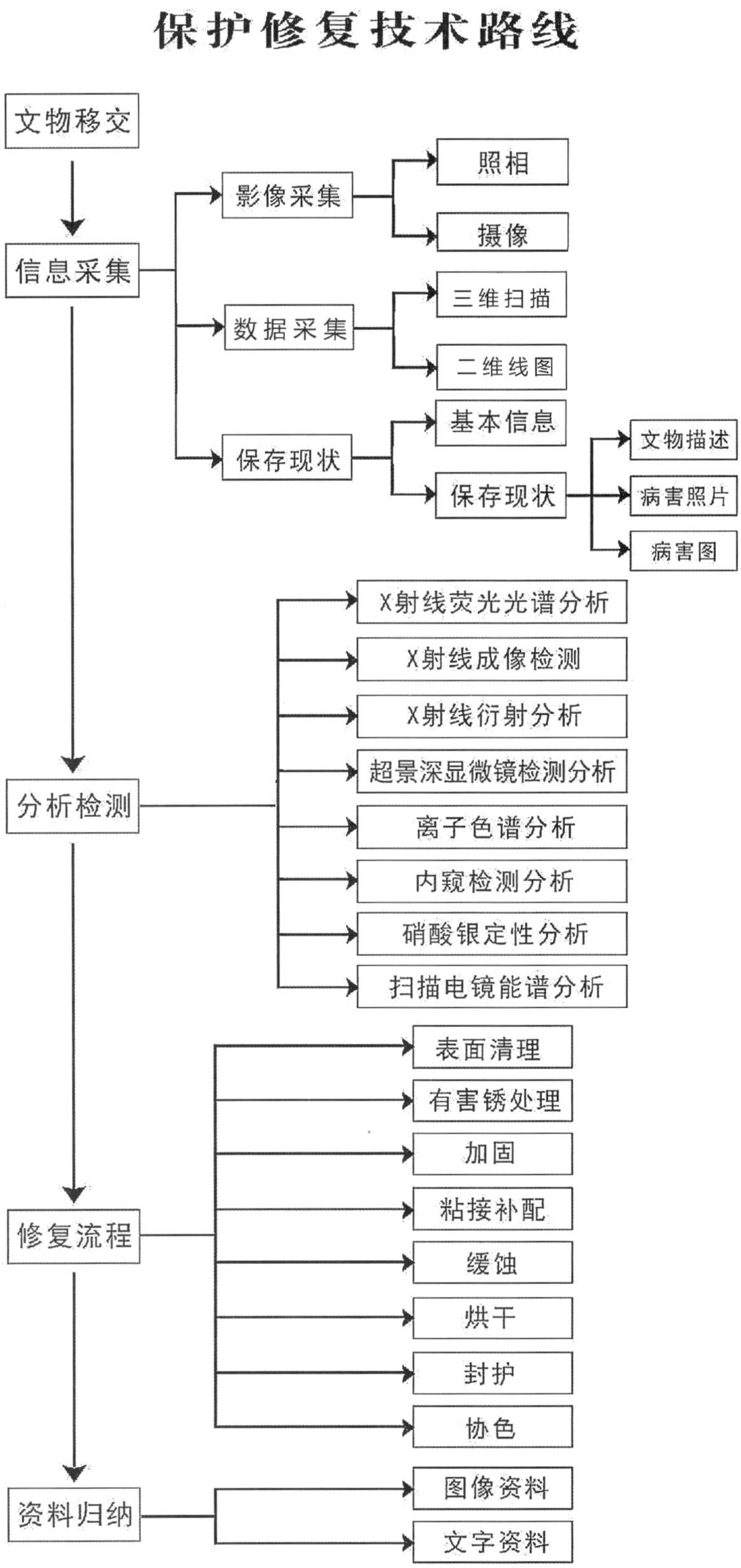
保护修复技术路线
文物移交
信息采集
影像采集
照相
摄像
数据采集
三维扫描
二维线图
保存现状
基本信息
保存现状
文物描述
病害照片
病害图
分析检测
X射线荧光光谱分析
X射线成像检测
X射线衍射分析
超景深显微镜检测分析
离子色谱分析
内窥检测分析
硝酸银定性分析
扫描电镜能谱分析
修复流程
表面清理
有害锈处理
加固
粘接补配
缓蚀
烘干
封护
协色
资料归纳
图像资料
文字资料

（二）档案2

馆藏金属文物保护修复记录

项目名称：云南省博物馆馆藏青铜文物保护修复

文物名称：西汉宴乐籍田铜鼓形铜贮贝器

文物编号：石甲 M12 ：2

2021年12月

中华人民共和国国家文物局制

基本信息表

<table>
<tr><td colspan="2">文物名称</td><td>西汉宴乐籍田铜鼓形贮贝器</td><td>文物登录号</td><td colspan="3">石甲 M12 ：2</td></tr>
<tr><td colspan="2">文物材质</td><td>铜</td><td>文物时代</td><td colspan="3">西汉</td></tr>
<tr><td colspan="2">文物级别</td><td>二级</td><td>收藏单位</td><td colspan="3">云南省博物馆</td></tr>
<tr><td rowspan="3">文物来源</td><td colspan="6">考古发掘</td></tr>
<tr><td>发掘时间</td><td colspan="5">无</td></tr>
<tr><td>发掘地点</td><td colspan="5">昆明市晋宁区石寨山 12 号古墓</td></tr>
<tr><td colspan="2">保存现状</td><td colspan="5">该器物有前人修复痕迹，器物破损严重，有多处断裂、破损、残缺，有焊接痕迹。器物局部矿化，表面有硬结物、土垢和锈蚀物。</td></tr>
<tr><td colspan="2">保护修复历史记录</td><td colspan="5">无</td></tr>
<tr><td colspan="2">方案设计单位</td><td>云南省博物馆</td><td>保护修复单位</td><td colspan="3">云南省博物馆</td></tr>
<tr><td colspan="2">提取经办人</td><td>刘洁、潘娇、陆静杰、许晖、唐永宏、张凌、赵国刚、李茜、郭玲妃</td><td>提取日期</td><td colspan="3">2021.12.21</td></tr>
<tr><td colspan="2">返还经办人</td><td>刘洁、潘娇、陆静杰、许晖、唐永宏、张凌、赵国刚、李茜、郭玲妃</td><td>返还日期</td><td colspan="3">2022.05.10</td></tr>
<tr><td colspan="2">方案名称和编号</td><td colspan="5">云南省博物馆馆藏青铜文物保护修复方案</td></tr>
<tr><td colspan="2">批准单位</td><td>云南省文物局</td><td>批准时间</td><td>2019 年</td><td>批准文号</td><td>云文博〔2019〕13 号</td></tr>
</table>

文物保存现状表

<table>
<tr><td>保护处理前尺寸（cm）</td><td>高：37.3；足径：46；面径：42；腹径：48</td><td>保护处理前重量（g）</td><td>13500</td></tr>
<tr><td>文物原埋藏
及保存环境</td><td colspan="3">该青铜器埋藏于昆明市晋宁区石寨山12号古墓，保护修复前保存在云南省博物馆文物库房内，库房内有恒温恒湿设备，温、湿度相对稳定。</td></tr>
<tr><td rowspan="2">病害状况</td><td colspan="3">该器物有前人修复痕迹，器物破损严重，有多处断裂、破损、残缺，有焊接痕迹。器物局部矿化，表面有硬结物、土垢和锈蚀物。</td></tr>
<tr><td colspan="3">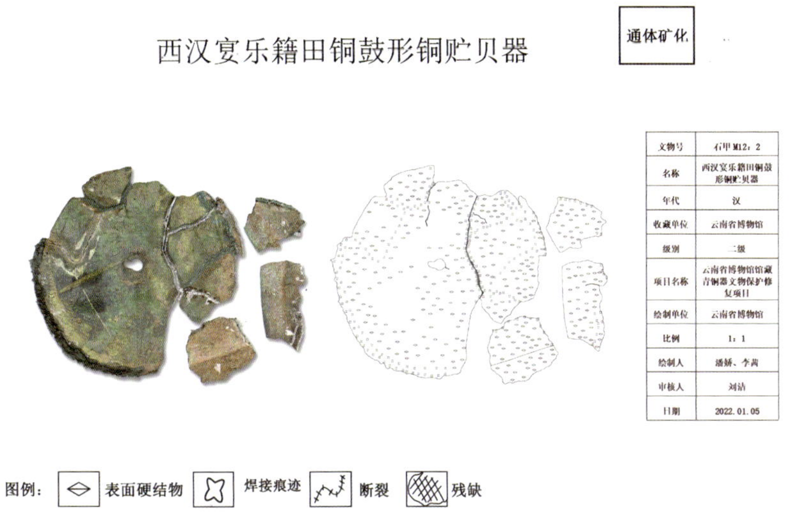
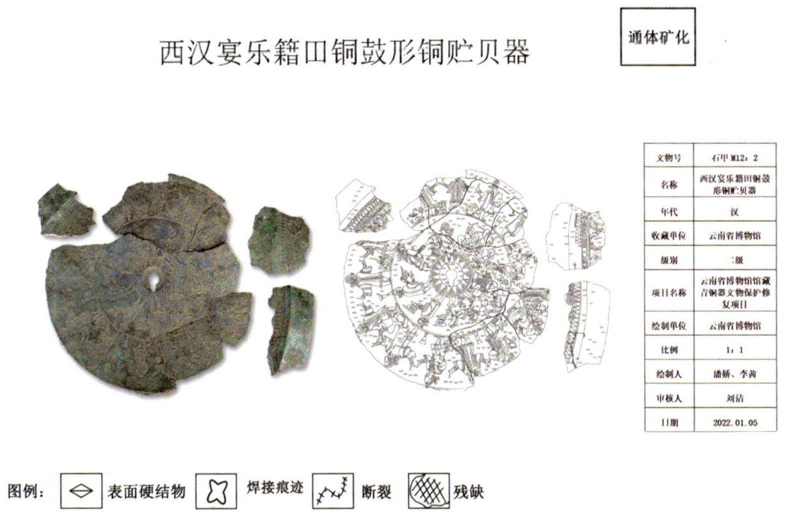</td></tr>
</table>

（续表）

病害状况

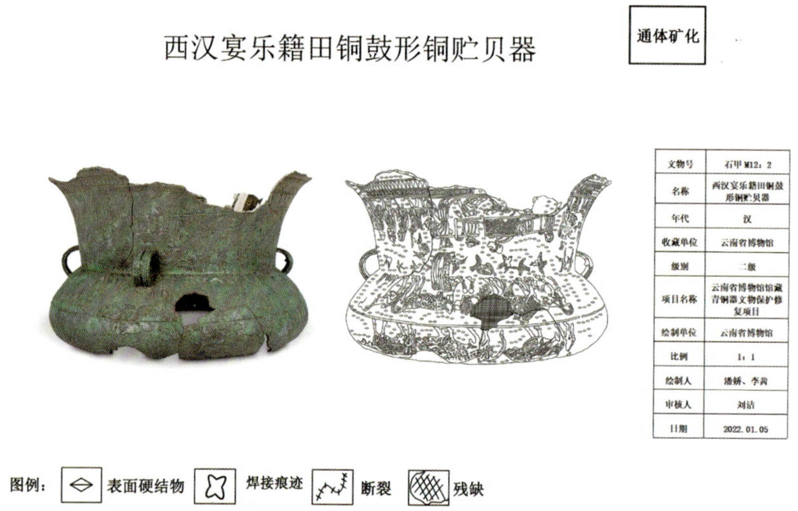
西汉宴乐籍田铜鼓形铜贮贝器
通体矿化
文物号 石甲M12：2
名称 西汉宴乐籍田铜鼓形铜贮贝器
年代 汉
收藏单位 云南省博物馆
级别 二级
项目名称 云南省博物馆馆藏青铜器文物保护修复项目
绘制单位 云南省博物馆
比例 1：1
绘制人 潘娇、李冉
审核人 刘洁
日期 2022.01.05
图例：
表面硬结物
焊接痕迹
断裂
残缺

西汉宴乐籍田铜鼓形铜贮贝器
通体矿化
文物号 石甲M12：2
名称 西汉宴乐籍田铜鼓形铜贮贝器
年代 汉
收藏单位 云南省博物馆
级别 二级
项目名称 云南省博物馆馆藏青铜器文物保护修复项目
绘制单位 云南省博物馆
比例 1：1
绘制人 潘娇、李冉
审核人 刘洁
日期 2022.01.05
图例：
表面硬结物
焊接痕迹
断裂
残缺

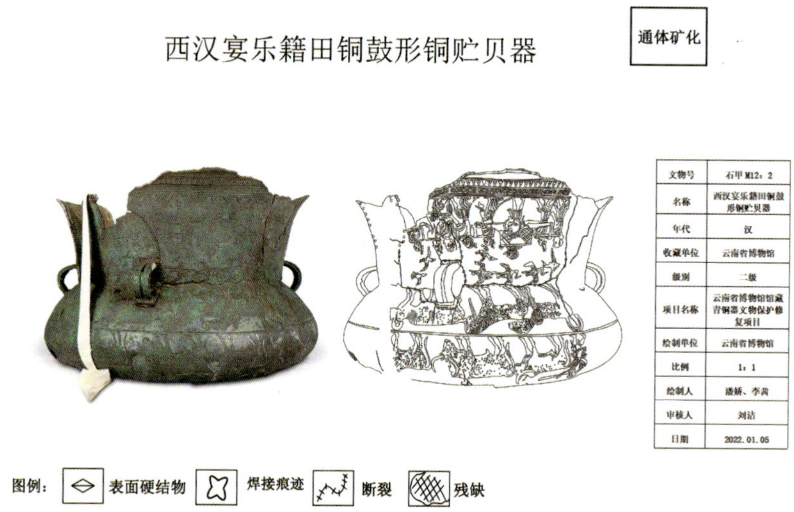
西汉宴乐籍田铜鼓形铜贮贝器
通体矿化
文物号 石甲M12：2
名称 西汉宴乐籍田铜鼓形铜贮贝器
年代 汉
收藏单位 云南省博物馆
级别 二级
项目名称 云南省博物馆馆藏青铜器文物保护修复项目
绘制单位 云南省博物馆
比例 1：1
绘制人 潘娇、李冉
审核人 刘洁
日期 2022.01.05
图例：
表面硬结物
焊接痕迹
断裂
残缺

（续表）

<table>
<tr><td>病害状况</td><td>
西汉宴乐籍田铜鼓形铜贮贝器

通体矿化

<table>
<tr><td>文物号</td><td>石甲M12：2</td></tr>
<tr><td>名称</td><td>西汉宴乐籍田铜鼓形铜贮贝器</td></tr>
<tr><td>年代</td><td>汉</td></tr>
<tr><td>收藏单位</td><td>云南省博物馆</td></tr>
<tr><td>级别</td><td>二级</td></tr>
<tr><td>项目名称</td><td>云南省博物馆馆藏青铜器文物保护修复项目</td></tr>
<tr><td>绘制单位</td><td>云南省博物馆</td></tr>
<tr><td>比例</td><td>1：1</td></tr>
<tr><td>绘制人</td><td>潘娇、李茜</td></tr>
<tr><td>审核人</td><td>刘洁</td></tr>
<tr><td>日期</td><td>2022.01.05</td></tr>
</table>

图例：表面硬结物　焊接痕迹　断裂
</td></tr>
<tr><td>原保护
修复情况</td><td>有前人修复痕迹</td></tr>
<tr><td>保护修复前图像资料</td><td></td></tr>
</table>

（续表）

保护修复前图像资料	  

（续表）

保护修复前图像资料	  
备注	——

文物检测分析表

采样位置	检测目的	检测分析方法	检测结果									备注
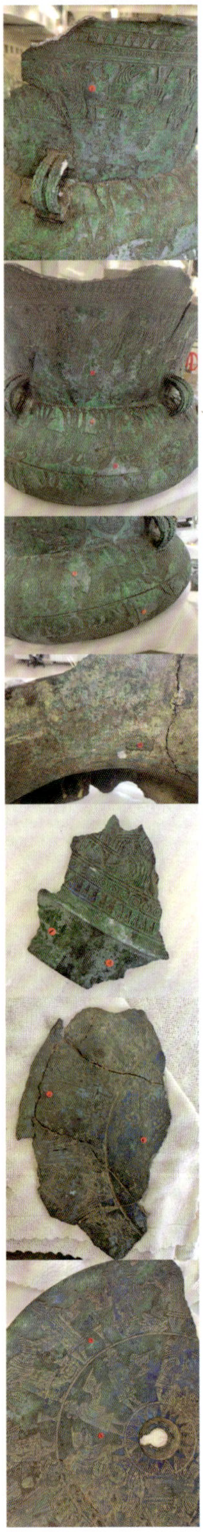	合金成分	XRF	元素	1	2	3	4	5	6	7		Bruker:S1 TITAN 的手持式 X 荧光光谱仪
			Al	1.31	4.39	1.07	1.73	1.71	1.30	5.95		
			Si	3.11	4.90	2.02	2.32	2.97	3.04	10.51		
			P	1.13	0.31	1.00	1.05	0.46	1.52	0.39		
			S	0.60	0.82	0.21	0.31	0.27	0.34	1.48		
			Ti	0.13	0.00	0.00	0.00	0.00	0.11	0.09		
			Fe	0.13	0.65	0.14	0.26	0.13	0.52	0.93		
			Cu	63.78	73.57	70.95	62.20	71.16	39.92	72.06		
			Sn	29.71	15.34	24.54	32.03	23.25	53.08	8.52		
			元素	8	1	2	1	2	1	2	平均值	
			Al	4.02	2.13	1.36	1.94	3.64	1.25	2.01	2.42	
			Si	4.66	2.84	3.45	4.05	5.18	3.60	2.89	3.97	
			P	0.37	0.10	1.81	1.22	0.58	1.47	1.53	0.92	
			S	7.15	0.31	0.60	0.61	0.71	0.45	0.53	1.03	
			Ti	0.00	0.00	0.41	0.27	0.15	0.51	0.07	0.12	
			Fe	3.71	0.11	0.23	0.48	1.33	0.51	0.46	0.68	
			Cu	65.20	81.57	43.97	51.78	64.03	48.90	55.45	61.75	
			Sn	14.58	12.94	47.97	39.47	24.22	43.21	36.90	28.98	

（续表）

采样位置	检测目的	检测分析方法	检测结果	备注
整体扫描	揭示隐藏病害	X 射线成像	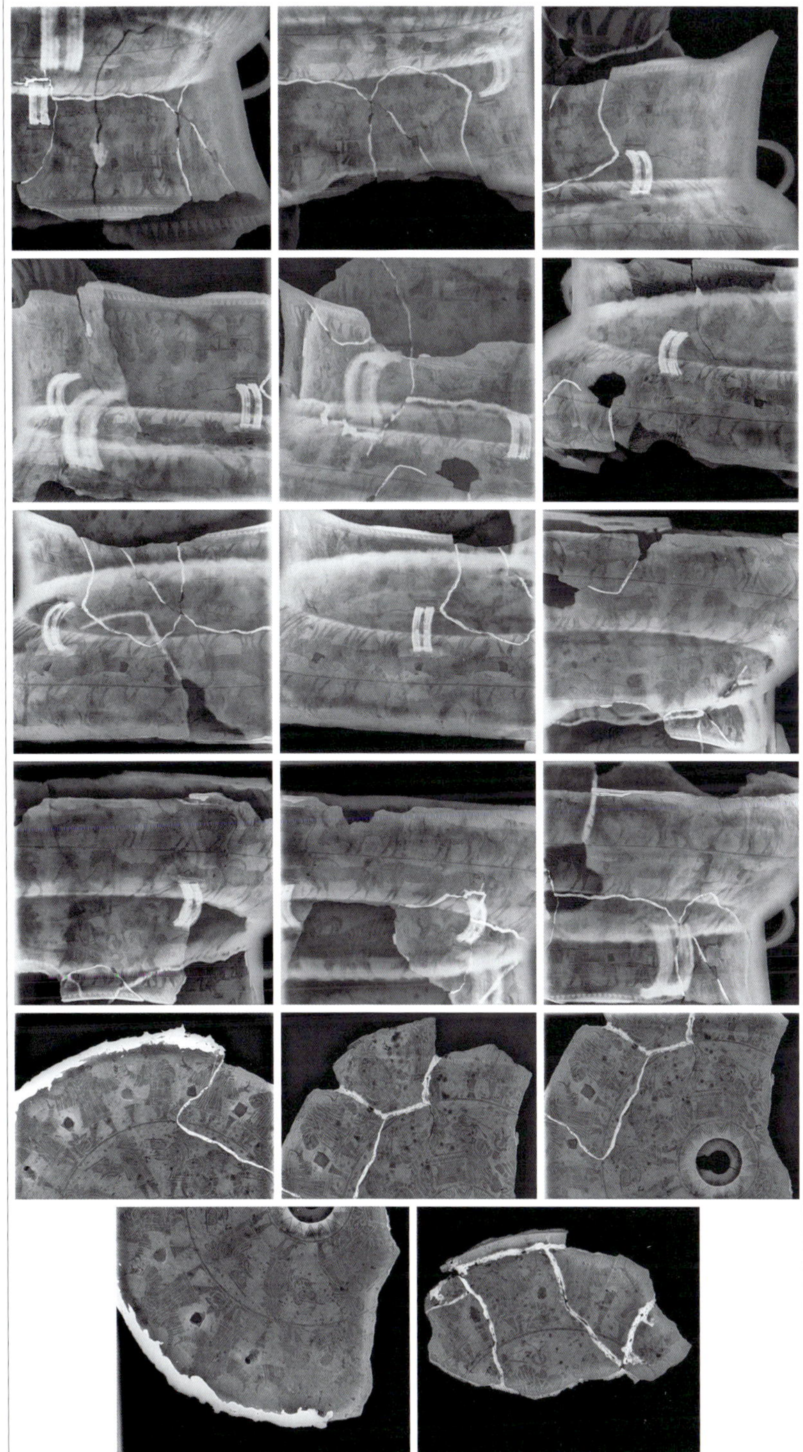	XXQ-2505 型号的 X 射线探伤仪

（续表）

采样位置	检测目的	检测分析方法	检测结果	备注
整体扫描	揭示隐藏病害	X 射线成像	 分析结果：西汉宴乐籍田铜鼓形贮贝器（石甲 M12 ：2）器物体型较大，整体断裂为多个部分，其表面纹饰清晰，参考器物本体，经过历史修复，器表存在多处裂隙，多处位置存在残缺，器表可见多处轻微矿化。	XXQ-2505 型号的 X 射线探伤仪
粉末状锈蚀 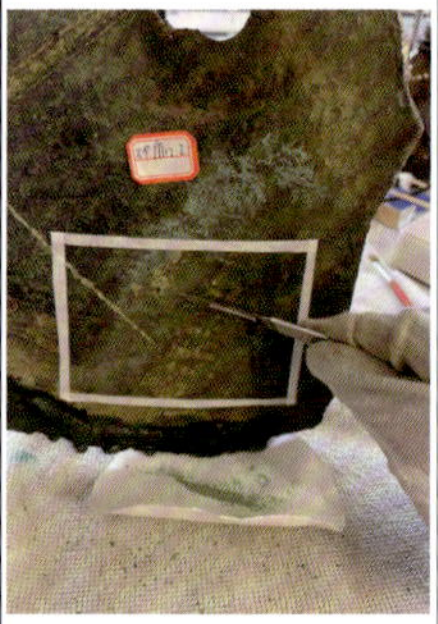	锈蚀产物	XRD	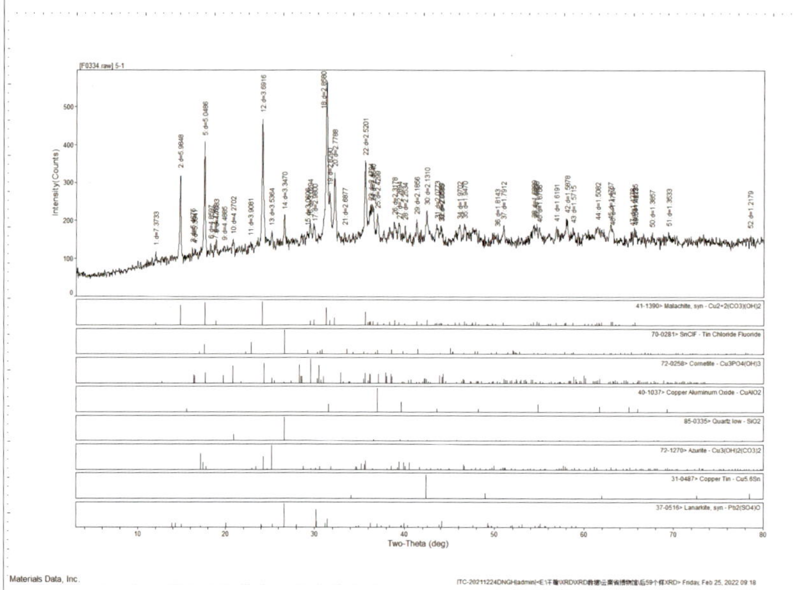 分析结果：该西汉宴乐籍田铜鼓形贮贝器（石甲 M12 ：2）锈蚀产物为孔雀石、蓝铜矿、黄铅矾、蓝磷铜矿等。	日本理学 Rigaku TTRIII 型
——	表面形貌	超景深	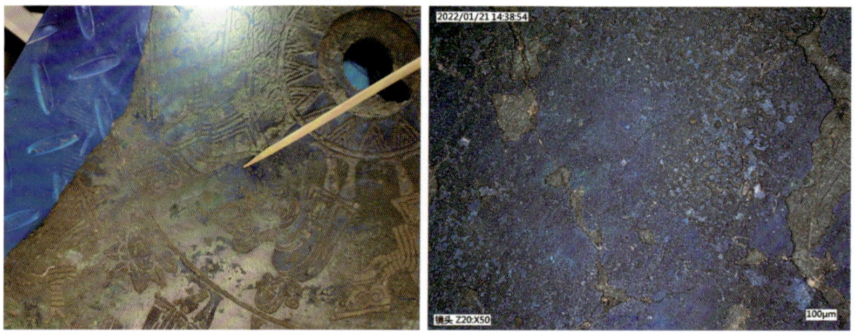 上图为贮贝器表面蓝锈放大 50 倍的超景深观察结果，可见大面积的蓝锈，部分锈迹脱落露出深绿色锈蚀组织。	VHX-5000 超景深显微镜

（续表）

采样位置	检测目的	检测分析方法	检测结果	备注
——	表面形貌	超景深	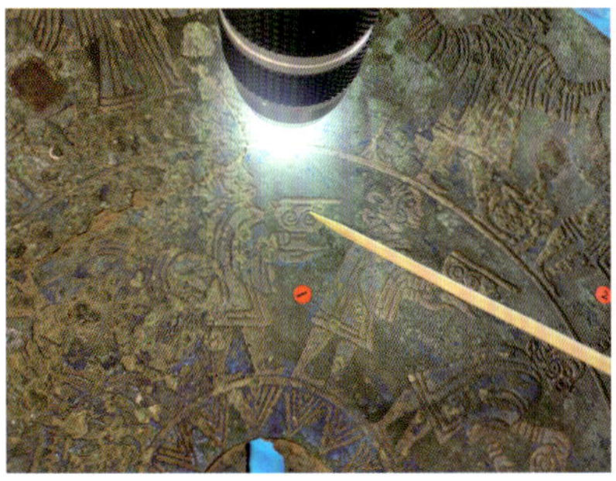  上图为贮贝器表面纹饰放大 50 倍的超景深观察结果，纹饰表面有修复痕迹，沟壑中有蓝色锈斑。	VHX-5000 超景深显微镜
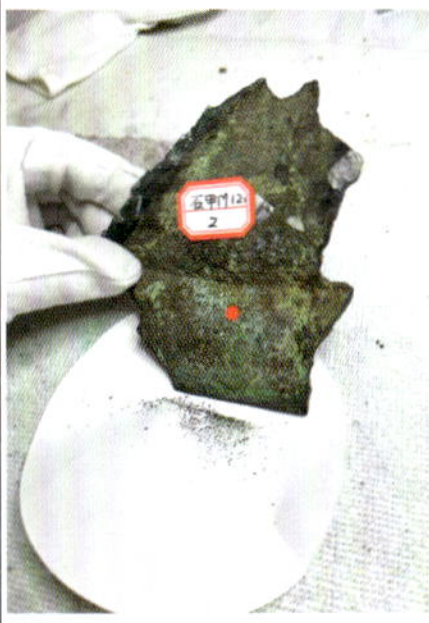	检测氯化物	定性分析	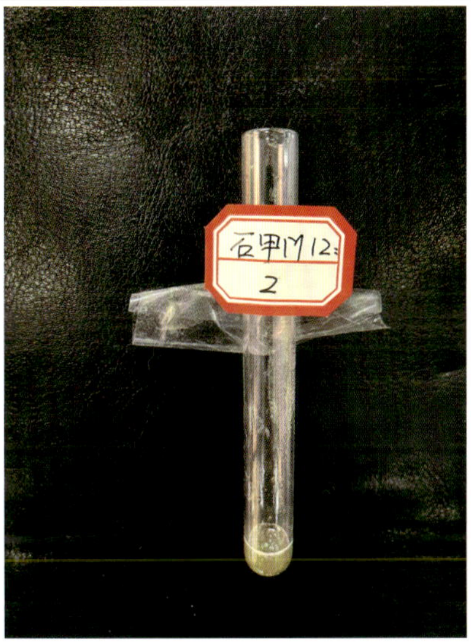 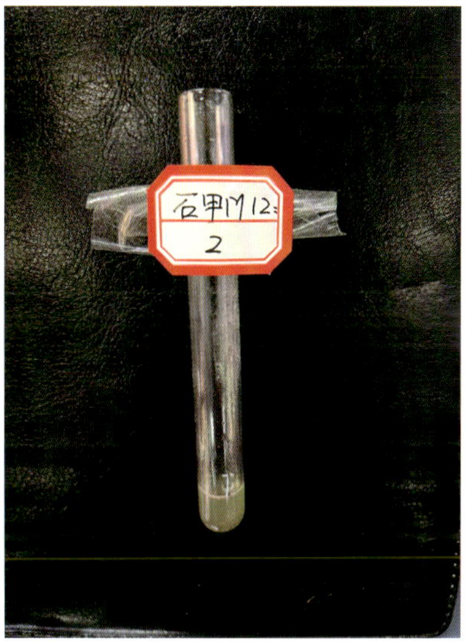 对保护修复的青铜器表面锈蚀进行刮取采样，向溶液中滴加几滴每升 0.1% 摩尔的 $AgNO_3$ 溶液后再加硝酸酸化，进行检测，如果试液颜色浑浊，说明锈蚀中含有氯化物，结果如上图显示，可以判断出器物表面无氯化物。	——
整体扫描	本体元素、矿化程度	扫描电镜能谱分析	测试条件：钨丝灯电子枪，背散射探头，激发电压为 20 千伏，扫描时间为 60 秒。成分含量以质量分数（Wt%）表示。 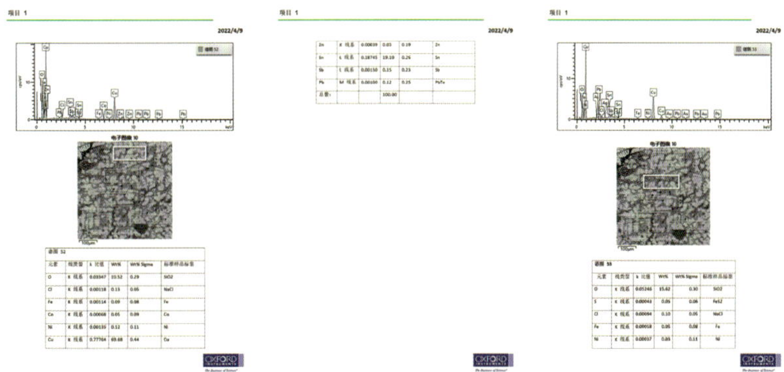	TESCAN VEGA-3XMU 扫描电子显微镜、OXFORD INCA x-act X 射线能谱仪

（续表）

采样位置	检测目的	检测分析方法	检测结果	备注
整体扫描	本体元素、矿化程度	扫描电镜能谱分析	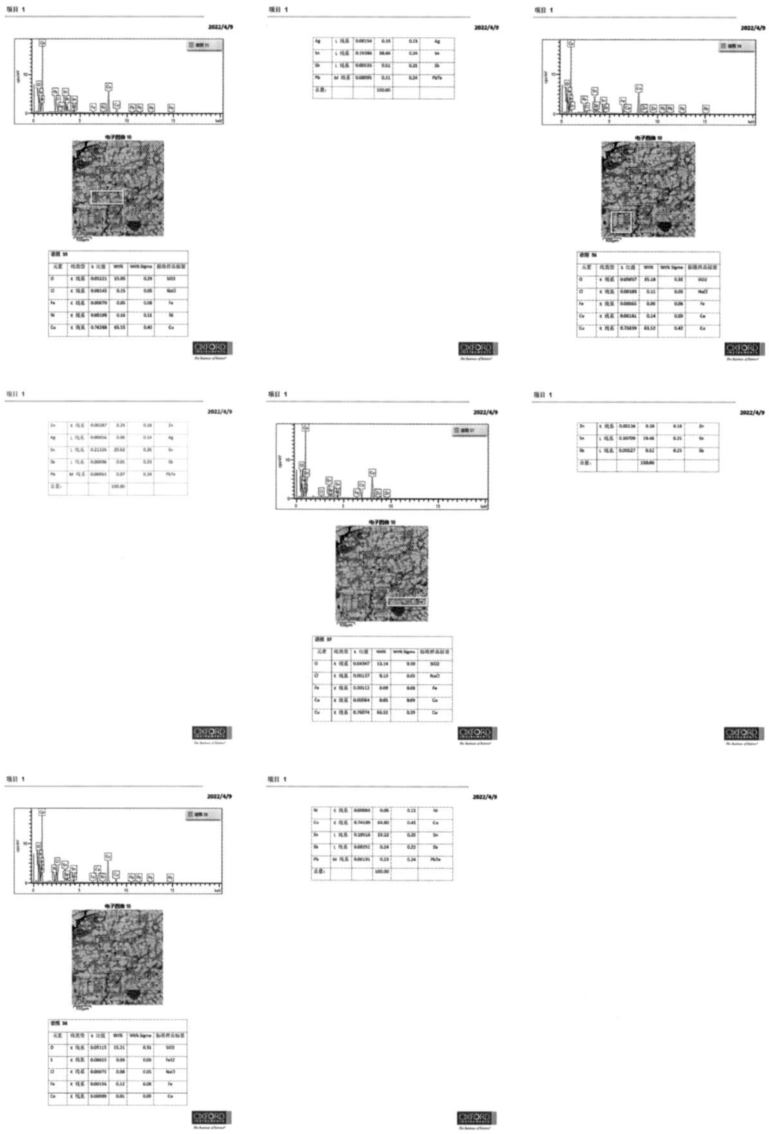 分析结果：该西汉宴乐籍田铜鼓形贮贝器（石甲 M12 ：2）为铜锡合金。	TESCAN VEGA-3XMU 扫描电子显微镜、OXFORD INCA x-act X 射线能谱仪

小结：初步推断该西汉宴乐籍田铜鼓形贮贝器（石甲 M12 ：2）器物主要元素包括铜（Cu）、锡（Sn），其余为污染物或矿物混生物。器物体型较大，整体断裂为多个部分，其表面纹饰清晰，参考器物本体，经过历史修复，器表存在多处裂隙，多处位置存在残缺，器表可见多处轻微矿化。锈蚀产物为孔雀石、蓝铜矿、黄铅矾、蓝磷铜矿等，都属于无害锈蚀，在后期修复保护过程中可以保留。纹饰表面有修复痕迹，沟壑中有蓝色锈斑。器物表面有大面积的蓝锈，部分锈迹脱落露出深绿色锈蚀组织。器物表面有较多焊接和修复痕迹，在后期的保护过程中需使用环氧树脂胶对器物残缺部位和裂隙进行粘接补全。定性分析表明器物表面无有害锈，在后期的修复保护中可以保留无害锈，以做到“最小干预”。

文物保护修复表

文物保护修复情况综述

保护修复步骤：

1. 前期信息采集

1.1 采集影像资料（照相）

1.2 文物基本信息、保存现状记录

1.3 建立文物保护修复档案

1.4 科学检测分析

2. 清理

对表面较疏松的附着物，使用羊毛刷、牙刷、竹签等工具予以清除。较坚硬的需要去除的锈蚀，先使用棉签、脱脂棉蘸取去离子水、无水乙醇，再使用手术刀等工具慢慢清除。对清理后的锈蚀进行硝酸银定性分析检测。

3. 粘接补配

使用环氧树脂黏合剂加滑石粉和矿物颜料搅拌均匀，涂抹在器物需要粘接补配的位置，凝固后打磨平整。

4. 缓蚀

涂刷 3% 的 BTA 乙醇溶液进行缓蚀处理。

5. 封护

表面封护是减缓环境变化冲击和环境条件达不到要求时一种很好的处理解决办法，能够极大增强器物对空气污染的抵抗能力。封护前把器物放置到烘干箱里面，温度调至 50 摄氏度，烘干 30 分钟。用 2% 的 B72 乙酸乙酯溶液对器物进行均匀涂刷，进行封护。

6. 协色

依据器物表面所包含的颜色，选择合适的矿物颜料色粉。协色先进行小范围的试色，用调好的混合颜料反复以涂、点、拨等方式对补配的区域进行协色，使其与器身颜色相协调、统一。协色完成后，将其置于通风处晾干。

7. 完善档案

完善修复中所涉及的所有信息，包括修复材料、修复方法、遇到问题、各类影像资料等。

所用材料及工具：

化学试剂：BTA、B72、无水乙醇、乙酸乙酯、硝酸、硝酸银、过氧化氢、去离子水；

工具：毛刷、手术刀、牙钻、烘干机、烧杯、电子秤、吹风机、卡尺、镊子、卷尺、热风筒；

材料：竹签、脱脂棉、标签、砂纸、滤纸、油画笔、自封袋、磨头、橡皮泥、热熔胶、纸胶带、矿物颜料、漆片、环氧树脂黏合剂、滑石粉；

防护用具：医用布手套、一次性医用口罩、一次性医用橡胶手套。

（续表）

保护修复日志

2021 年 12 月 24 日

对器物进行拍照，对器物进行测量称重。该器物有前人修复痕迹，器物破损严重，有多处断裂、破损、残缺，有焊接痕迹。器物局部矿化，表面有硬结物、土锈和锈蚀物。

2021 年 12 月 27 日

绘制病害图，对器物拍摄视频影像，进行 X 射线扫描检测和 X 荧光光谱分析。

2021 年 12 月 30 日

对器物进行采样，进行硝酸银定性分析。

2022 年 1 月 21 日

进行超景深显微检测。

2022 年 2 月 15 日至 3 月 3 日

用手术刀对器物清理除锈工作，先用手术刀一层层地把器物表面硬结物进行剔除，然后再用软毛刷，刷掉器物上的浮土。将前人焊接痕迹使用打磨机打磨平整。

在清理过程中，对疑似粉状锈，用硝酸银定性分析检测，没有发现白色沉淀物，证明不是有害锈。

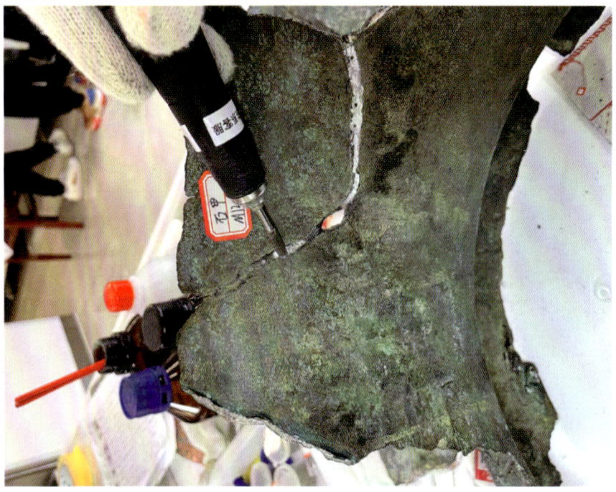

（续表）

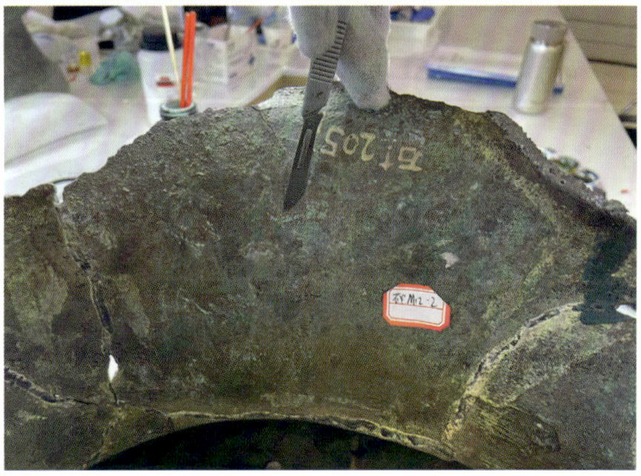
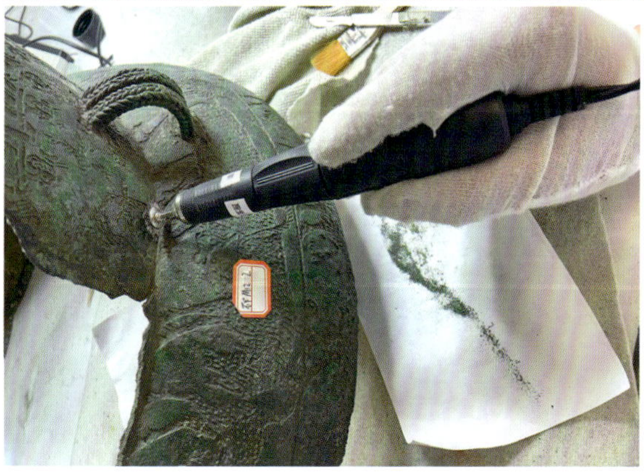

（续表）

2022 年 3 月 05 日至 4 月 20 日

因器物较大，用 3A 环氧树脂胶对器物进行粘接，在粘接过程中灵活运用 F 钳、夹子、纸胶带对器物进行固定。在器物受力或较薄的地方用纱网对器物进行二次加固，再使用 3A 环氧树脂涂抹均匀。

（续表）

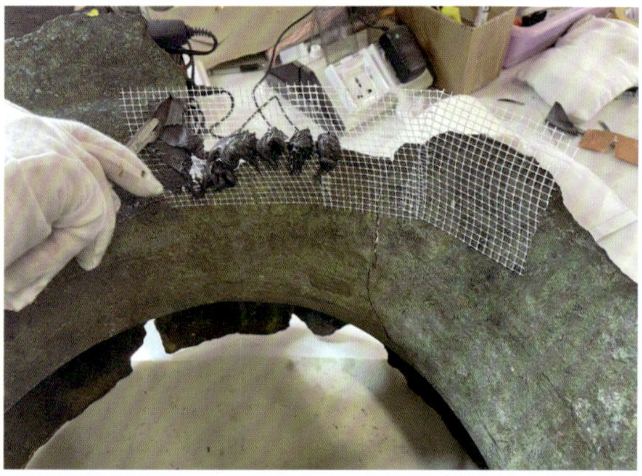

（续表）

2022 年 3 月 07 日至 4 月 25 日

对手术刀进行加热，去除器物表面多余的胶，用打磨机、锉刀、砂纸将胶打磨平整。因器物表面纹饰较多，使用打磨机、锉刀、砂纸按照器物表面纹饰刻出来。

（续表）

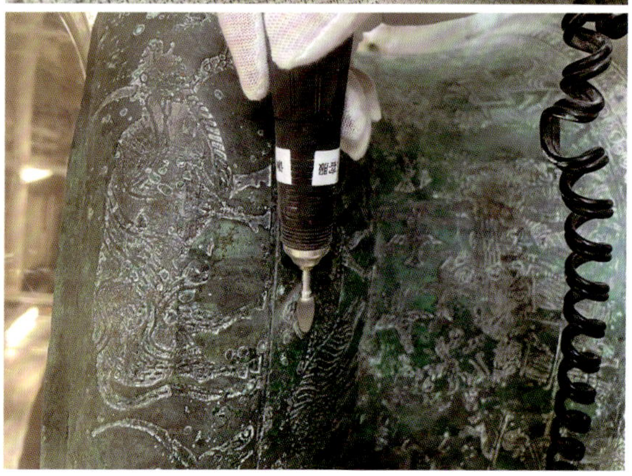

（续表）

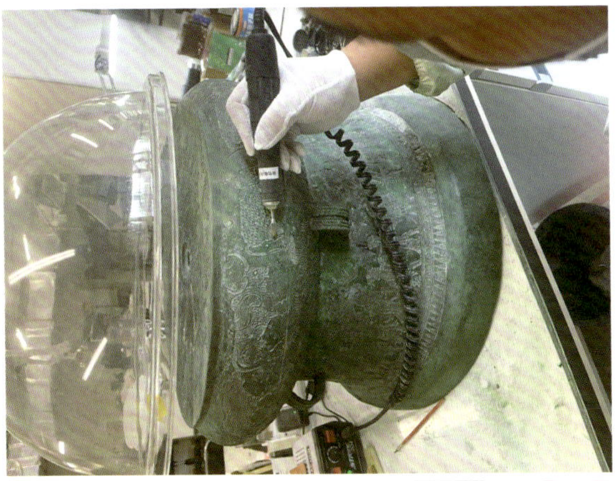

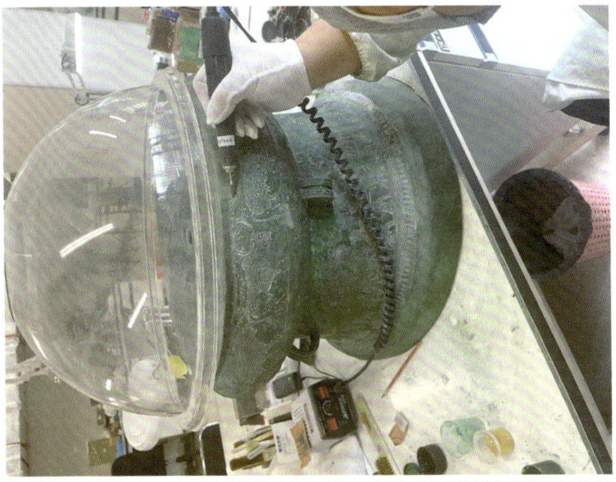

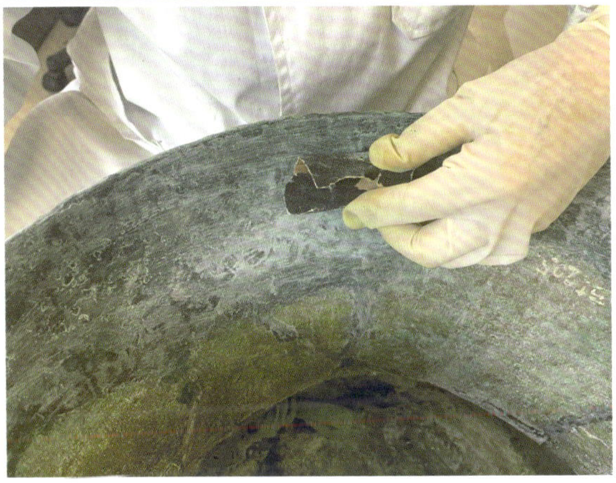

2022 年 4 月 26 日

用 3% 的 BTA 乙醇溶液对器物进行均匀涂刷，进行缓蚀处理。

（续表）

2022 年 4 月 27 日

封护前把器物放置到烘干箱里面，温度调至 50 摄氏度，烘干 30 分钟。用 2% 的 B72 乙酸乙酯溶液对器物进行均匀涂刷，进行封护。

（续表）

2022 年 4 月 28 日至 5 月 8 日

利用虫胶乙醇溶液做胶黏剂，矿物颜料协色，通过不同手法将虫胶乙醇和颜料的混合物做到需要做旧的部位，使其锈色与其他位置相同，达到锈色统一协调的效果。

2022 年 5 月 10 日

对修复后的器物进行测量、称重，拍摄修复后的照片，完善文物保护修复档案。

技术变更
无技术变更原因和变更方案
项目负责人意见及签名
（略）

（续表）

<table>
<tr><td>保护处理后尺寸（cm）</td><td>高：33；面径：50</td><td>保护处理后重量（g）</td><td>13300</td></tr>
<tr><td>保护修复后图像资料</td><td colspan="3">
</td></tr>
</table>

（续表）

保护修复后图像资料	  

（续表）

<table>
<tr><td>保护修复后图像资料</td><td colspan="3"></td></tr>
<tr><td>保存条件及建议</td><td colspan="3">建议：使用和保管的环境要严格监控，温度在 18 摄氏度到 24 摄氏度，相对湿度在 40% 以下，文物光照度控制在 150 ± 50 勒克斯，紫外光不超过每流明 20 微瓦。在拿取文物时，工作人员要戴口罩和手套。</td></tr>
<tr><td>完成日期</td><td>2022.05.10</td><td>保护修复人</td><td>（略）</td></tr>
</table>

文物保护修复验收表

自评估意见：

该件文物的保护修复，严格遵照了文物保护修复基本原则，档案记载与病害图的绘制遵照了中华人民共和国文物保护行业标准《馆藏金属文物保护修复档案记录规范》（WW/T0010-2015）和《馆藏青铜器文物病害与图示》（GB/T30687-2014）的相关要求。

文物经保护修复后，病害得到消除与控制，文物能适应博物馆陈列展出与保管收藏的需要，完成了预期目标。

文物修复过程严格按照青铜器文物成熟修复方法和流程，为以后文物长久保存奠定了基础。

保护修复中遵循修旧如旧和最小干预等基本原则，成功地保护了这件珍贵文物，恢复了它原有风貌，使其历史、艺术价值得以充分体现。

验收意见：

（略）

附：保护修复流程图

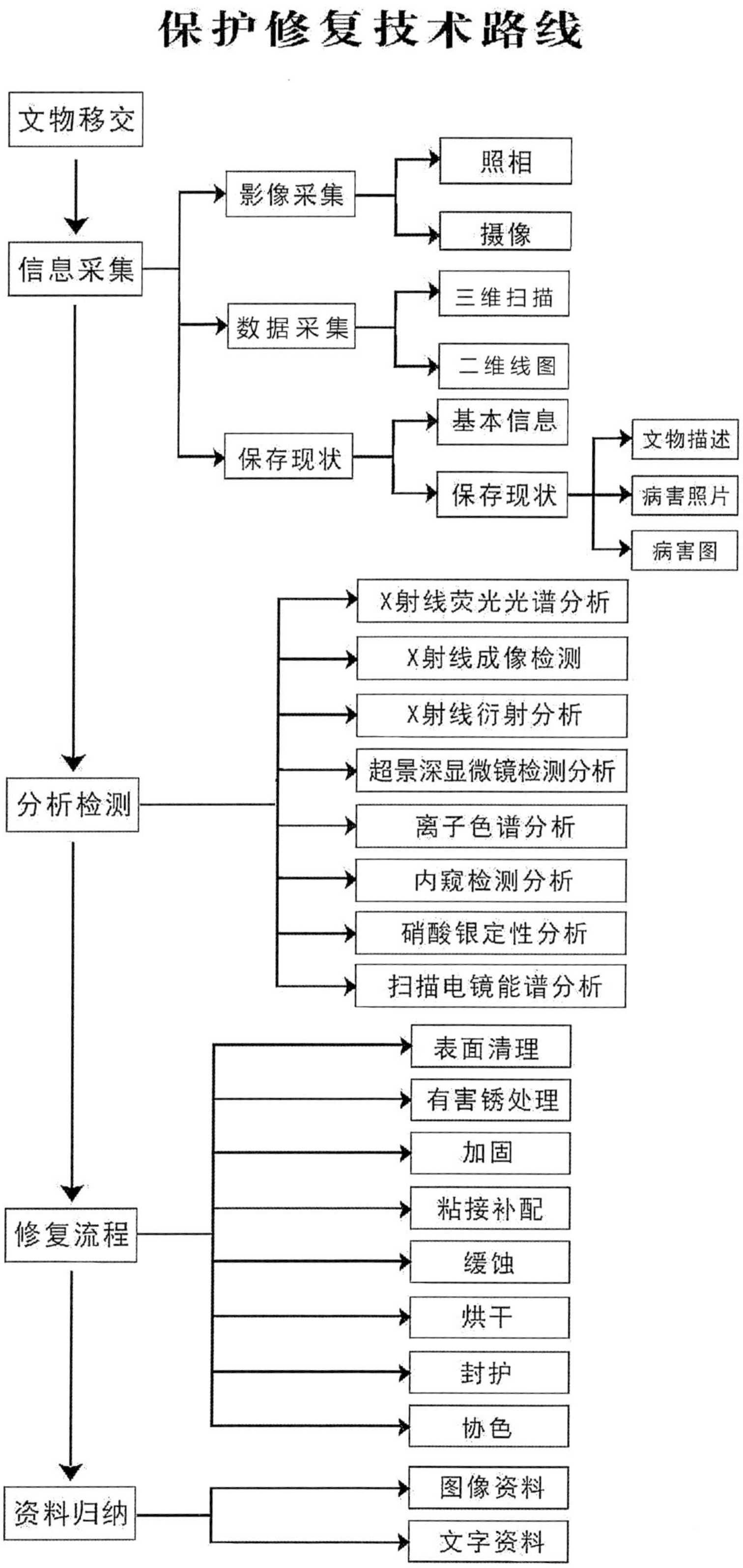
保护修复技术路线
文物移交
信息采集
影像采集
照相
摄像
数据采集
三维扫描
二维线图
保存现状
基本信息
保存现状
文物描述
病害照片
病害图
分析检测
X射线荧光光谱分析
X射线成像检测
X射线衍射分析
超景深显微镜检测分析
离子色谱分析
内窥检测分析
硝酸银定性分析
扫描电镜能谱分析
修复流程
表面清理
有害锈处理
加固
粘接补配
缓蚀
烘干
封护
协色
资料归纳
图像资料
文字资料

（三）档案3

馆藏金属文物保护修复记录

项目名称：云南省博物馆馆藏青铜文物保护修复

文物名称：西汉鹗饰铜钺

文物编号：石甲 M10 ： 45

2021年12月

中华人民共和国国家文物局制

基本信息表

<table>
<tr><td colspan="2">文物名称</td><td colspan="2">西汉鸮饰铜钺</td><td>文物登录号</td><td colspan="2">石甲 M10 ： 45</td></tr>
<tr><td colspan="2">文物材质</td><td colspan="2">铜</td><td>文物时代</td><td colspan="2">西汉</td></tr>
<tr><td colspan="2">文物级别</td><td colspan="2">二级</td><td>收藏单位</td><td colspan="2">云南省博物馆</td></tr>
<tr><td rowspan="3">文物来源</td><td colspan="6">考古发掘</td></tr>
<tr><td>发掘时间</td><td colspan="5">无</td></tr>
<tr><td>发掘地点</td><td colspan="5">昆明市晋宁区石寨山 10 号古墓</td></tr>
<tr><td colspan="2">保存现状</td><td colspan="5">该器物局部矿化，表面有硬结物、土垢和锈蚀物。</td></tr>
<tr><td colspan="2">保护修复历史记录</td><td colspan="5">无</td></tr>
<tr><td colspan="2">方案设计单位</td><td colspan="2">云南省博物馆</td><td>保护修复单位</td><td colspan="2">云南省博物馆</td></tr>
<tr><td colspan="2">提取经办人</td><td colspan="2">刘洁、潘娇、陆静杰、许晖、唐永宏、张凌、赵国刚、李茜、郭玲妃</td><td>提取日期</td><td colspan="2">2021.12.21</td></tr>
<tr><td colspan="2">返还经办人</td><td colspan="2">刘洁、潘娇、陆静杰、许晖、唐永宏、张凌、赵国刚、李茜、郭玲妃</td><td>返还日期</td><td colspan="2">2022.03.20</td></tr>
<tr><td colspan="2">方案名称和编号</td><td colspan="5">云南省博物馆馆藏青铜文物保护修复深化设计方案</td></tr>
<tr><td colspan="2">批准单位</td><td>云南省文物局</td><td>批准时间</td><td>2019 年</td><td>批准文号</td><td>云文博〔2019〕13 号</td></tr>
</table>

文物保存现状表

<table>
<tr><td>保护处理前尺寸（cm）</td><td>长：12.4；宽：13；銎径：2.9×2.3</td><td>保护处理前重量（g）</td><td>181</td></tr>
<tr><td>文物原埋藏
及保存环境</td><td colspan="3">该青铜器埋藏于昆明市晋宁区石寨山10号古墓，保护修复前保存在云南省博物馆文物库房内，库房内有恒温恒湿设备，温、湿度相对稳定。</td></tr>
<tr><td rowspan="2">病害状况</td><td colspan="3">该器物局部矿化，表面有硬结物、土垢和锈蚀物。</td></tr>
<tr><td colspan="3">
西汉鹗饰铜钺
通体矿化
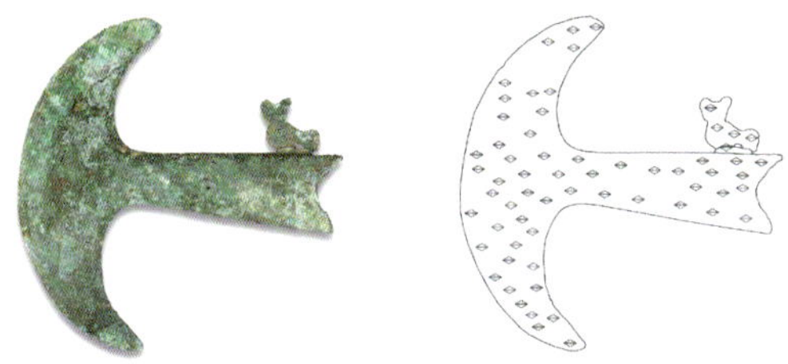
<table>
<tr><td>文物号</td><td>石甲M10：45</td></tr>
<tr><td>名称</td><td>西汉鹗饰铜钺</td></tr>
<tr><td>年代</td><td>西汉</td></tr>
<tr><td>收藏单位</td><td>云南省博物馆</td></tr>
<tr><td>级别</td><td>二级</td></tr>
<tr><td>项目名称</td><td>云南省博物馆馆藏青铜器文物保护修复项目</td></tr>
<tr><td>绘制单位</td><td>云南省博物馆</td></tr>
<tr><td>比 例</td><td>1:1</td></tr>
<tr><td>绘制人</td><td>潘娇、李茜</td></tr>
<tr><td>审核人</td><td>刘洁</td></tr>
<tr><td>日期</td><td>2022.01.05</td></tr>
</table>
图例：◇ 表面硬结物
西汉鹗饰铜钺
通体矿化

<table>
<tr><td>文物号</td><td>石甲M10：45</td></tr>
<tr><td>名称</td><td>西汉鹗饰铜钺</td></tr>
<tr><td>年代</td><td>西汉</td></tr>
<tr><td>收藏单位</td><td>云南省博物馆</td></tr>
<tr><td>级别</td><td>二级</td></tr>
<tr><td>项目名称</td><td>云南省博物馆馆藏青铜器文物保护修复项目</td></tr>
<tr><td>绘制单位</td><td>云南省博物馆</td></tr>
<tr><td>比 例</td><td>1:1</td></tr>
<tr><td>绘制人</td><td>潘娇、李茜</td></tr>
<tr><td>审核人</td><td>刘洁</td></tr>
<tr><td>日期</td><td>2022.01.05</td></tr>
</table>
图例：◇ 表面硬结物
</td></tr>
<tr><td>原保护
修复情况</td><td colspan="3">无前人修补痕迹</td></tr>
</table>

（续表）

保护修复前图像资料	 
备注	——

文物检测分析表

<table>
<tr><td>采样位置</td><td>检测目的</td><td>检测分析方法</td><td colspan="6">检测结果</td><td>备注</td></tr>
<tr><td rowspan="9"></td><td rowspan="9">合金成分</td><td rowspan="9">XRF</td><td>元素</td><td>1</td><td>2</td><td>3</td><td>4</td><td>平均值</td><td rowspan="9">Bruker:S1 TITAN 的手持式 X 荧光光谱仪</td></tr>
<tr><td>Al</td><td>0.70</td><td>1.49</td><td>2.31</td><td>0.71</td><td>1.30</td></tr>
<tr><td>Si</td><td>2.15</td><td>9.30</td><td>11.69</td><td>7.52</td><td>7.66</td></tr>
<tr><td>P</td><td>0.51</td><td>0.36</td><td>4.34</td><td>1.70</td><td>1.73</td></tr>
<tr><td>S</td><td>1.48</td><td>3.01</td><td>7.00</td><td>2.6</td><td>3.52</td></tr>
<tr><td>Fe</td><td>0.22</td><td>0.10</td><td>0.36</td><td>0.35</td><td>0.26</td></tr>
<tr><td>Cu</td><td>78.22</td><td>80.83</td><td>67.38</td><td>82.15</td><td>77.14</td></tr>
<tr><td>Sn</td><td>15.52</td><td>4.51</td><td>6.57</td><td>4.69</td><td>7.82</td></tr>
<tr><td>Pb</td><td>0.92</td><td>0.24</td><td>0.14</td><td>0.18</td><td>0.37</td></tr>
<tr><td>粉末状锈蚀
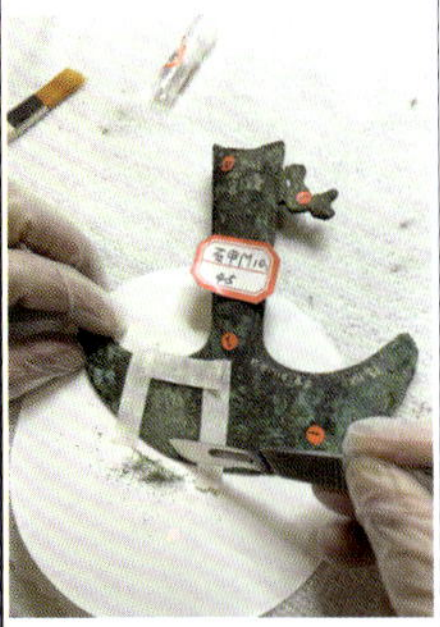</td><td>锈蚀产物</td><td>XRD</td><td colspan="6">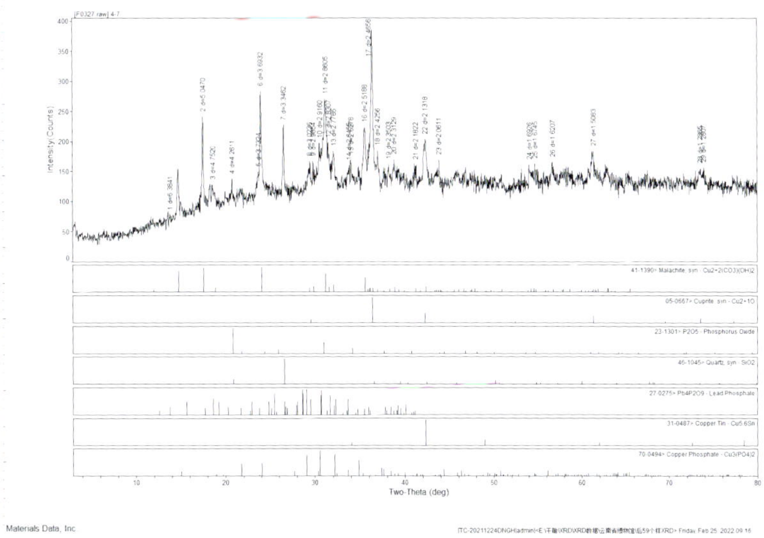
分析结果：该西汉鹗饰铜钺（石甲 M10 ：45）器物锈蚀产物为孔雀石、赤铜矿等。</td><td>日本理学 Rigaku TTRIII 型</td></tr>
</table>

（续表）

<table>
<tr><th>采样位置</th><th>检测目的</th><th>检测分析方法</th><th>检测结果</th><th>备注</th></tr>
<tr><td>整体扫描</td><td>揭示隐藏病害</td><td>X 射线成像</td><td>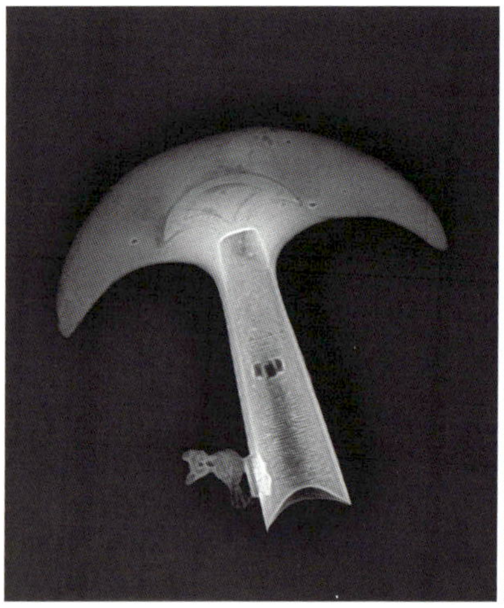
分析结果：西汉鹗饰铜钺　石甲 M10 ：45 为分铸，纹饰较为清晰，器物局部锈蚀严重，局部矿化。</td><td>XXQ-2505 型号的 X 射线探伤仪</td></tr>
<tr><td>——</td><td>表面形貌</td><td>超景深</td><td>

上图为铜钺上部鹗与钺身连接处放大 50 倍的超景深观察结果。可以观察到整体以绿色锈蚀与表面土色硬结物为主，连接处线条连续且较为平滑。

上图为铜钺上部鹗身纹饰放大 50 倍的超景深观察结果。画面以绿色锈蚀为主，残留有土色硬结物，其中细线末端呈圆弧状，初步推测此处纹饰使用泥条盘筑法制范，再浇铸而成。</td><td>VHX-5000 超景深显微镜</td></tr>
</table>

（续表）

采样位置	检测目的	检测分析方法	检测结果	备注
——	表面形貌	超景深	  上图为铜钺钺身锈蚀放大 50 倍的超景深观察结果。可以清晰观察到器物表面的绿色锈蚀，部分呈圆环形状，其中夹杂少部分土色硬结物。	VHX-5000 超景深显微镜
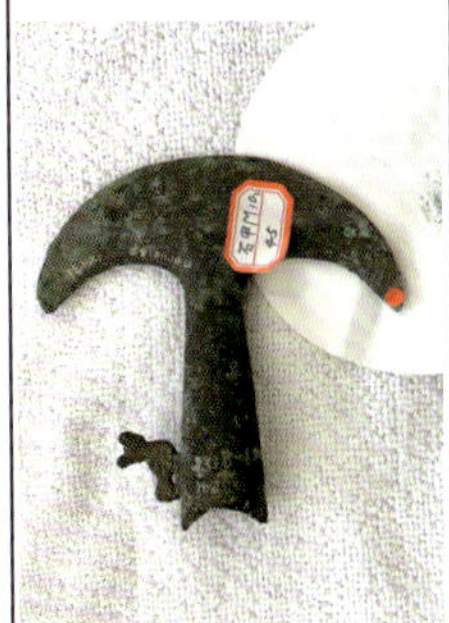	检测氯化物	定性分析	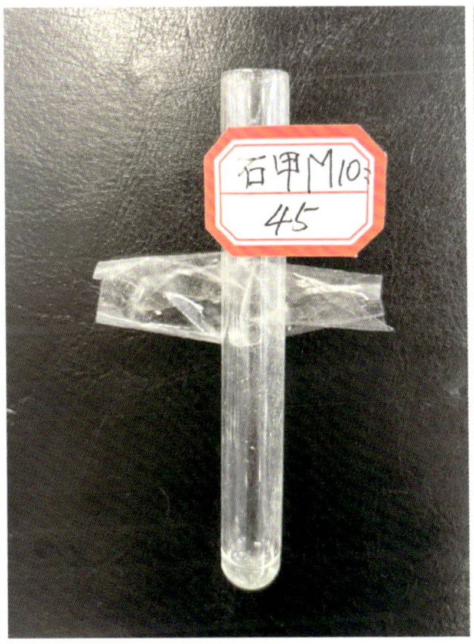 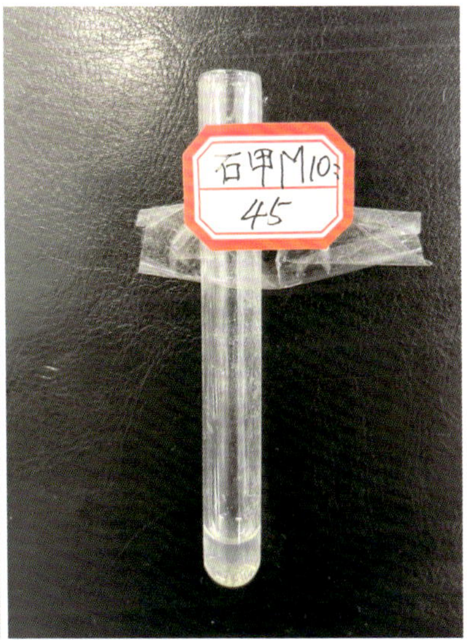 对保护修复的青铜器表面锈蚀进行刮取采样，向溶液中滴加几滴每升 0.1% 摩尔的 $AgNO_3$ 溶液后再加硝酸酸化，进行检测，如果试液颜色浑浊，说明锈蚀中含有氯化物。结果如上图所示，可以判断出器物表面无氯化物。	——

小结： 初步推测该西汉鸮饰铜钺（石甲 M10 ∶ 45）器物主要元素包括铜（Cu）、锡（Sn）、硅（Si）、硫（S），其余为污染物或矿物混生物。锈蚀产物为孔雀石、赤铜矿等，属于无害锈蚀，在后期修复保护过程中可以保留。器物为分铸，纹饰较为清晰，器物局部锈蚀严重，部分矿化。在后期的保护过程中需使用 B72 乙酸乙酯溶液对器物矿化部位进行反复渗透加固。整体以绿色锈蚀与表面土色硬结物为主，连接处线条连续且较为平滑。在后期的表面清理过程中应小心谨慎，避免对纹饰和锈蚀造成破坏。器物表面的绿色锈蚀，部分呈圆环形状，其中夹杂少部分土色硬结物。定性分析表明表面无有害锈，在后期的修复保护中可以对无害锈进行保留，以做到“最小干预”。

文物保护修复表

文物保护修复情况综述

保护修复步骤：

1. 前期信息采集

 1.1 采集影像资料（照相）

 1.2 文物基本信息、保存现状记录

 1.3 建立文物保护修复档案

 1.4 科学检测分析

2. 清理

对表面较疏松的附着物，使用羊毛刷、牙刷、竹签等工具予以清除。较坚硬的需要去除的锈蚀，先使用棉签、脱脂棉蘸取去离子水、无水乙醇，再使用手术刀等工具慢慢清除。对清理后的锈蚀进行硝酸银定性分析检测。

3. 加固：

用1%的B72乙酸乙酯溶液对矿化处进行反复渗透加固。

4. 缓蚀

涂刷3%的BTA乙醇溶液进行缓蚀处理。

5. 封护

表面封护是减缓环境变化冲击和环境条件达不到要求时一种很好的处理解决办法，能够极大增强器物对空气污染的抵抗能力。封护前把器物放置到烘干箱里面，温度调至50摄氏度，烘干30分钟。用2%的B72乙酸乙酯溶液对器物进行均匀涂刷，进行封护。

6. 完善档案

完善修复中所涉及的所有信息，包括修复材料、修复方法、遇到问题、各类影像资料等。

所用材料及工具：

化学试剂：BTA、B72、无水乙醇、乙酸乙酯、硝酸银、过氧化氢、去离子水；

工具：毛刷、手术刀、牙钻、烘干机、烧杯、电子秤、吹风机、卡尺、镊子；

材料：竹签、脱脂棉、标签、砂纸、滤纸、油画笔、自封袋、磨头、橡皮泥；

防护用具：医用布手套、一次性医用口罩、一次性医用橡胶手套。

（续表）

保护修复日志

2021 年 12 月 23 日

对器物进行拍照，对器物进行测量称重。该器物局部矿化，表面有硬结物，土垢和锈蚀物。

2021 年 12 月 24 日

绘制病害图，对器物拍摄视频影像，进行 X 射线扫描检测和 X 荧光光谱分析。

2021 年 12 月 27 日

对器物进行采样，进行硝酸银定性分析。

2022 年 1 月 22 日

进行超景深显微检测。

2022 年 2 月 14 日

用手术刀对器物清理除锈工作，先用手术刀一层层地把器物表面硬结物进行剔除，然后再用软毛刷，刷掉器物上的浮土。

在清理过程中，对疑似粉状锈，用硝酸银定性分析检测，没有发现白色沉淀物，证明不是有害锈。

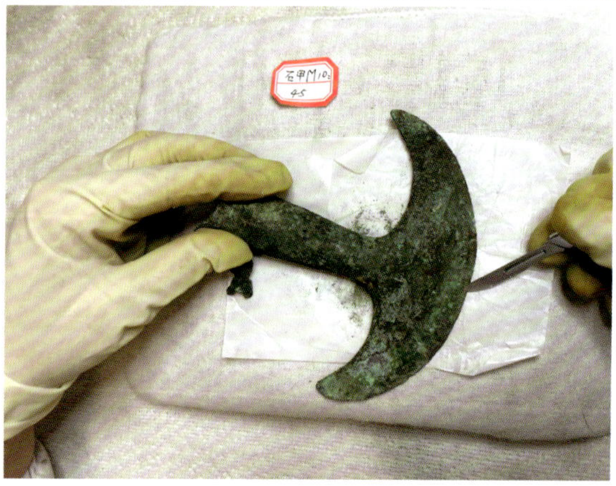

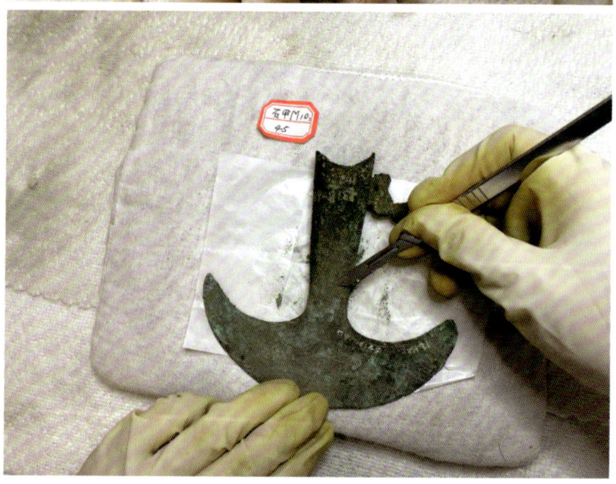

2022 年 2 月 15 日

用 1%B72 乙酸乙酯溶液对矿化处进行反复渗透加固。

（续表）

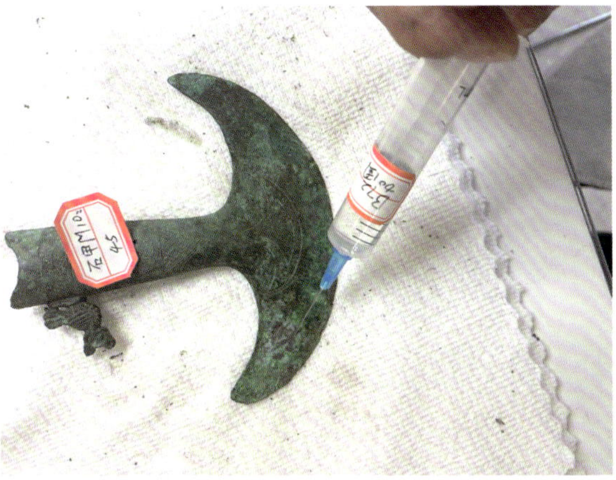
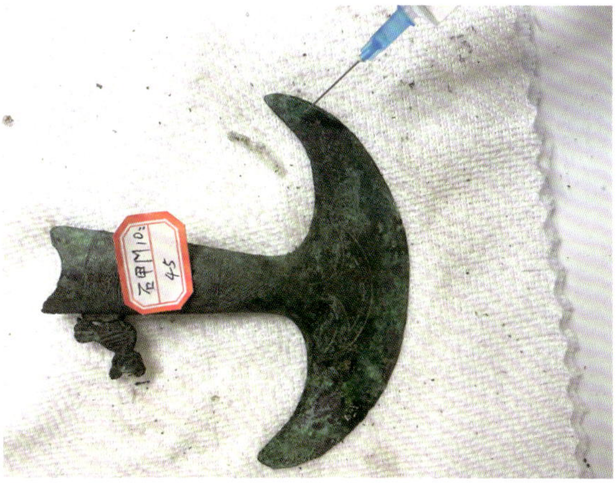

2022 年 2 月 16 日

用 3% 的 BTA 乙醇溶液对器物进行均匀涂刷，进行缓蚀处理。

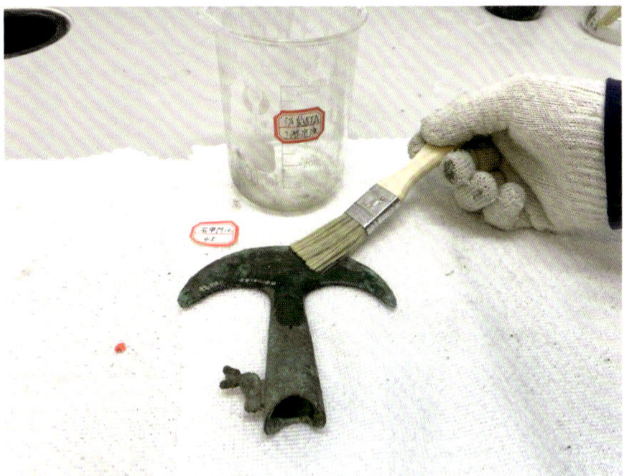

2022 年 2 月 22 日

封护前把器物放置到烘干箱里面，温度调至 50 摄氏度，烘干 30 分钟。用 2% 的 B72 乙酸乙酯溶液对器物进行均匀涂刷，进行封护加固。

（续表）

2022 年 2 月 23 日

对修复后的器物进行测量、称重，拍摄修复后的照片。

2022 年 2 月 24 日

修复后的器物绘制二维线图，完善文物保护修复档案。

技术变更

无技术变更原因和变更方案

项目负责人意见及签名

（略）

（续表）

<table>
<tr><td>保护处理后尺寸（cm）</td><td>长：12.4；宽：13；銎径：2.9×2.3</td><td>保护处理后重量（g）</td><td>180</td></tr>
<tr><td>保护修复后图像资料</td><td colspan="3">
</td></tr>
<tr><td>保存条件及建议</td><td colspan="3">建议：使用和保管的环境要严格监控，温度在18摄氏度到24摄氏度，相对湿度在40%以下，文物光照度控制在150±50勒克斯，紫外光不超过每流明20微瓦。在拿取文物时，工作人员要戴口罩和手套。</td></tr>
<tr><td>完成日期</td><td>2022.2.23</td><td>保护修复人</td><td>（略）</td></tr>
</table>

二维线图

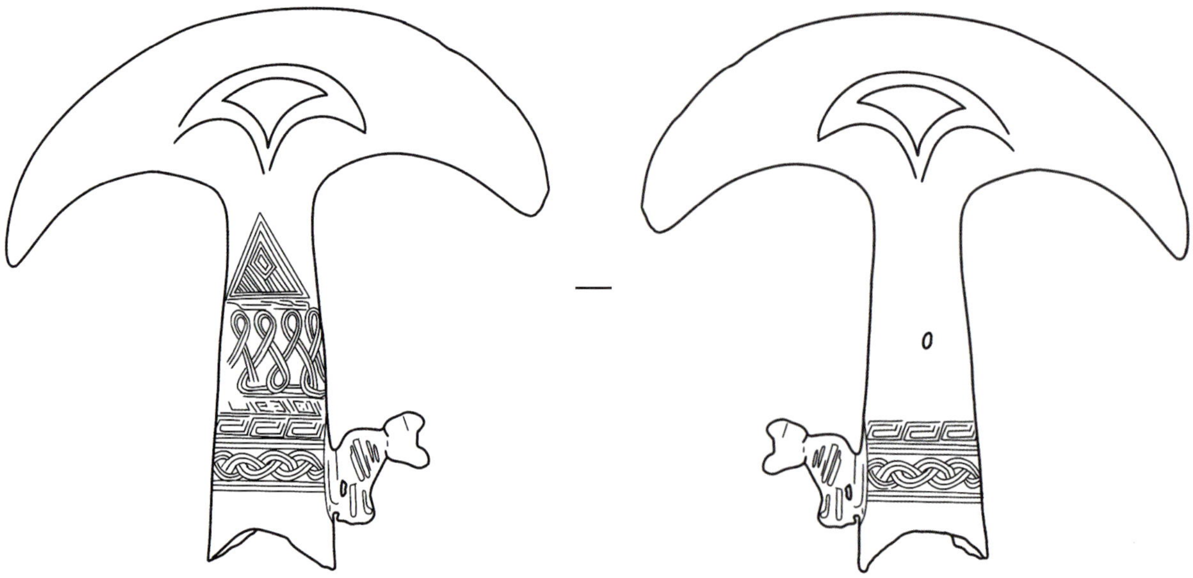

文物保护修复验收表

自评估意见：

该件文物的保护修复，严格遵照了文物保护修复基本原则，档案记载与病害图的绘制遵照了中华人民共和国文物保护行业标准《馆藏金属文物保护修复档案记录规范》（WW/T0010-2015）和《馆藏青铜器文物病害与图示》（GB/T30687-2014）的相关要求。

文物经保护修复后，病害得到消除与控制，文物能适应博物馆陈列展出与保管收藏的需要，完成了预期目标。

文物修复过程严格按照青铜器文物成熟修复方法和流程，为以后文物长久保存奠定了基础。

保护修复中遵循修旧如旧和最小干预等基本原则，成功地保护了这件珍贵文物，恢复了它原有风貌，使其历史、艺术价值得以充分体现。

验收意见：

（略）

附：保护修复流程图

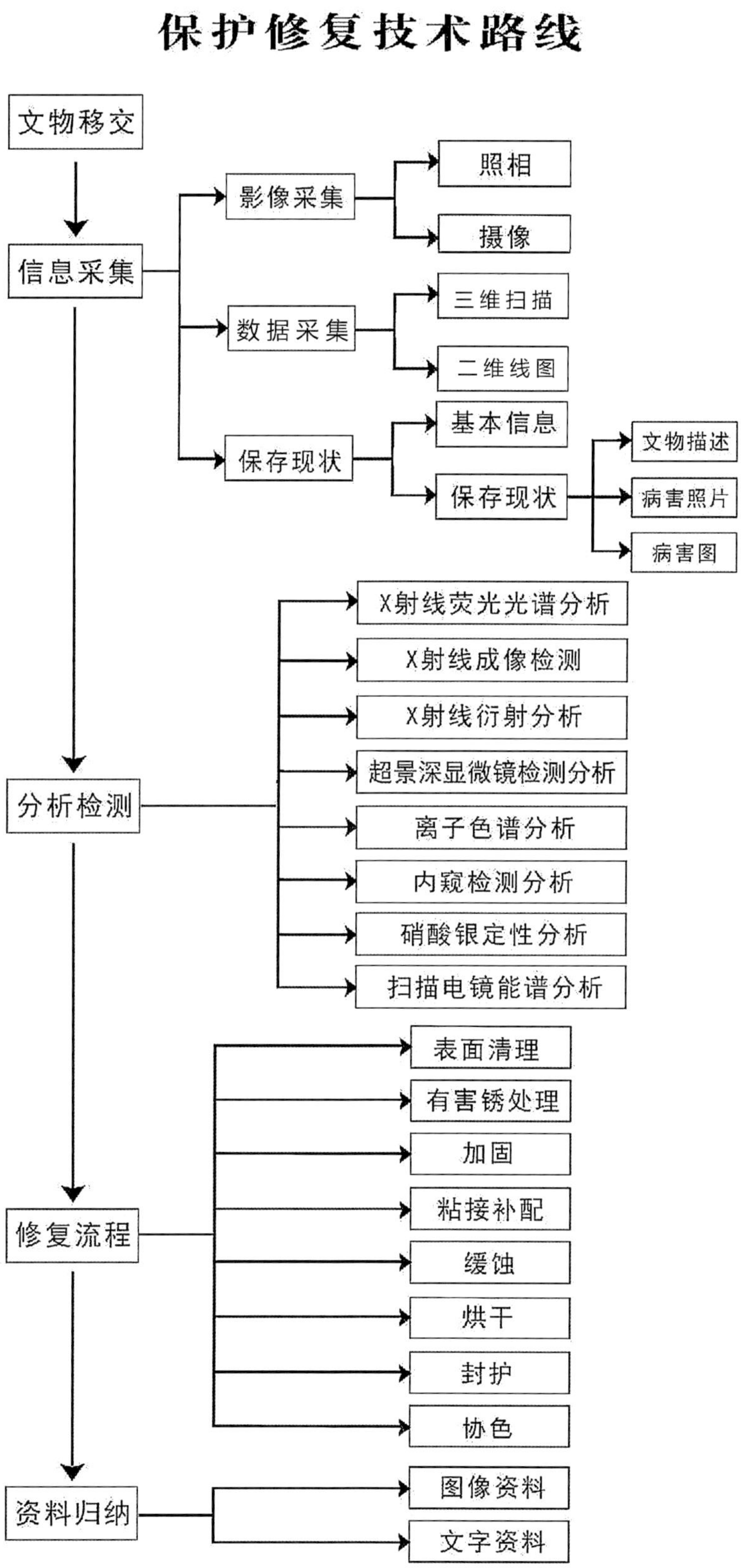
保护修复技术路线
文物移交
信息采集
影像采集
照相
摄像
数据采集
三维扫描
二维线图
保存现状
基本信息
保存现状
文物描述
病害照片
病害图
分析检测
X射线荧光光谱分析
X射线成像检测
X射线衍射分析
超景深显微镜检测分析
离子色谱分析
内窥检测分析
硝酸银定性分析
扫描电镜能谱分析
修复流程
表面清理
有害锈处理
加固
粘接补配
缓蚀
烘干
封护
协色
资料归纳
图像资料
文字资料

（四）档案 4

馆藏金属文物保护修复记录

项目名称：云南省博物馆馆藏青铜文物保护修复

文物名称：西汉圆形鸟啄舞蹈人纹铜扣饰

文物编号：昆双 54A

2021 年 12 月

中华人民共和国国家文物局制

基本信息表

<table>
<tr><td colspan="2">文物名称</td><td colspan="2">西汉圆形鸟啄舞蹈人纹铜扣饰</td><td>文物登录号</td><td colspan="2">昆双 54A</td></tr>
<tr><td colspan="2">文物材质</td><td colspan="2">铜</td><td>文物时代</td><td colspan="2">西汉</td></tr>
<tr><td colspan="2">文物级别</td><td colspan="2">三级</td><td>收藏单位</td><td colspan="2">云南省博物馆</td></tr>
<tr><td rowspan="3">文物来源</td><td colspan="6">考古发掘</td></tr>
<tr><td>发掘时间</td><td colspan="5">无</td></tr>
<tr><td>发掘地点</td><td colspan="5">昆明市</td></tr>
<tr><td colspan="2">保存现状</td><td colspan="5">该器物有前人修复痕迹。局部矿化，表面有硬结物、土垢和锈蚀物，有残缺、裂隙。</td></tr>
<tr><td colspan="2">保护修复历史记录</td><td colspan="5">无</td></tr>
<tr><td colspan="2">方案设计单位</td><td colspan="2">云南省博物馆</td><td>保护修复单位</td><td colspan="2">云南省博物馆</td></tr>
<tr><td colspan="2">提取经办人</td><td colspan="2">刘洁、潘娇、陆静杰、许晖、唐永宏、张凌、赵国刚、李茜、郭玲妃</td><td>提取日期</td><td colspan="2">2021.12.21</td></tr>
<tr><td colspan="2">返还经办人</td><td colspan="2">刘洁、潘娇、陆静杰、许晖、唐永宏、张凌、赵国刚、李茜、郭玲妃</td><td>返还日期</td><td colspan="2">2022.03.20</td></tr>
<tr><td colspan="2">方案名称和编号</td><td colspan="5">云南省博物馆馆藏青铜文物保护修复方案</td></tr>
<tr><td colspan="2">批准单位</td><td>云南省文物局</td><td>批准时间</td><td>2019 年</td><td>批准文号</td><td>云文博〔2019〕13 号</td></tr>
</table>

文物保存现状表

<table>
<tr><td>保护处理前尺寸（cm）</td><td>直径：15.5；高：4</td><td>保护处理前重量(g)</td><td>200</td></tr>
<tr><td>文物原埋藏
及保存环境</td><td colspan="3">该青铜器保护修复前保存在云南省博物馆文物库房内，库房内有恒温恒湿设备，温、湿度相对稳定。</td></tr>
<tr><td rowspan="2">病害状况</td><td colspan="3">该器物有前人修复痕迹。局部矿化，表面有硬结物、土垢和锈蚀物，有残缺、裂隙。</td></tr>
<tr><td colspan="3">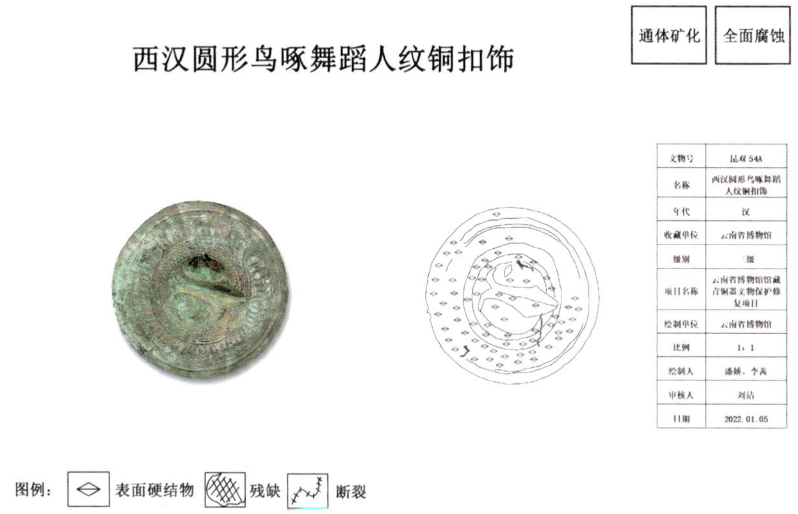

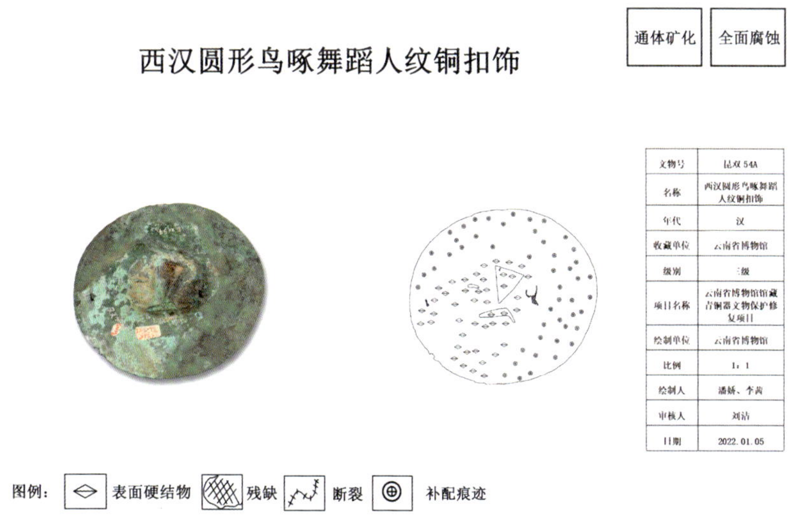
</td></tr>
<tr><td>原保护
修复情况</td><td colspan="3">有前人修补痕迹</td></tr>
</table>

（续表）

<table>
<tr><td>保护修复前图像资料</td><td>
</td></tr>
<tr><td>备注</td><td>——</td></tr>
</table>

文物检测分析表

<table>
<tr><th>采样位置</th><th>检测目的</th><th>检测分析方法</th><th colspan="8">检测结果</th><th>备注</th></tr>
<tr><td rowspan="10">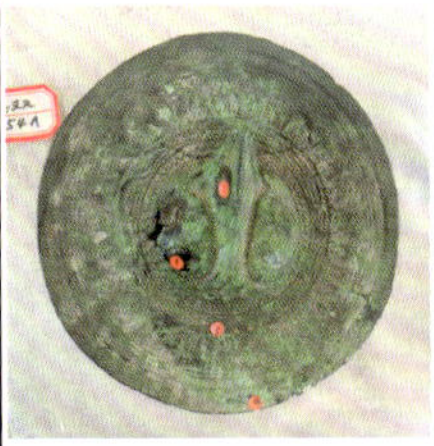
</td><td rowspan="10">合金成分</td><td rowspan="10">XRF</td><td>元素</td><td>1</td><td>2</td><td>3</td><td>4</td><td>5</td><td>6</td><td>平均值</td><td rowspan="10">Bruker:S1 TITAN 的手持式 X 荧光光谱仪</td></tr>
<tr><td>Al</td><td>0.68</td><td>1.50</td><td>3.35</td><td>1.61</td><td>0.81</td><td>1.04</td><td>1.50</td></tr>
<tr><td>Si</td><td>2.03</td><td>1.98</td><td>6.34</td><td>2.48</td><td>1.50</td><td>1.65</td><td>2.66</td></tr>
<tr><td>P</td><td>1.51</td><td>0.09</td><td>0.20</td><td>0.22</td><td>0.50</td><td>1.04</td><td>0.59</td></tr>
<tr><td>S</td><td>1.17</td><td>0.32</td><td>0.78</td><td>0.65</td><td>0.00</td><td>0.00</td><td>0.49</td></tr>
<tr><td>Ti</td><td>0.33</td><td>0.14</td><td>0.11</td><td>0.00</td><td>0.00</td><td>0.27</td><td>0.14</td></tr>
<tr><td>Fe</td><td>0.50</td><td>0.19</td><td>0.90</td><td>0.31</td><td>1.23</td><td>0.48</td><td>0.60</td></tr>
<tr><td>Cu</td><td>49.78</td><td>76.33</td><td>73.76</td><td>65.82</td><td>31.17</td><td>18.45</td><td>52.55</td></tr>
<tr><td>Sn</td><td>43.67</td><td>19.36</td><td>14.55</td><td>28.85</td><td>64.59</td><td>76.94</td><td>41.33</td></tr>
<tr><td>Si</td><td>2.03</td><td>1.98</td><td>6.34</td><td>2.48</td><td>1.50</td><td>1.65</td><td>2.66</td></tr>
<tr><td>粉末状锈蚀
</td><td>锈蚀产物</td><td>XRD</td><td colspan="8">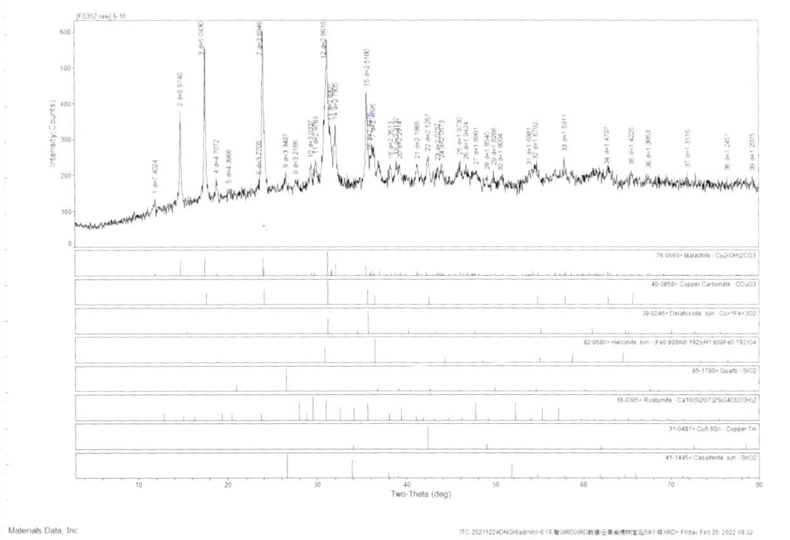
分析结果：该西汉圆形鸟啄舞蹈人纹铜扣饰（昆双 54A）锈蚀产物为孔雀石、铜铁矿、碳酸铜等。</td><td>日本理学 Rigaku TTRIII 型</td></tr>
</table>

（续表）

采样位置	检测目的	检测分析方法	检测结果	备注
整体扫描	揭示隐藏病害	X 射线成像	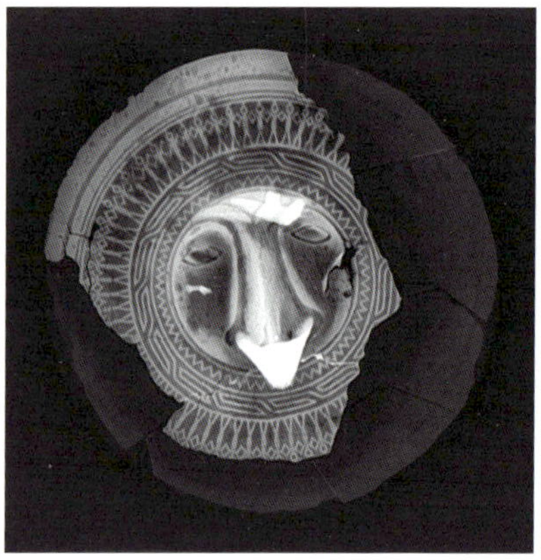 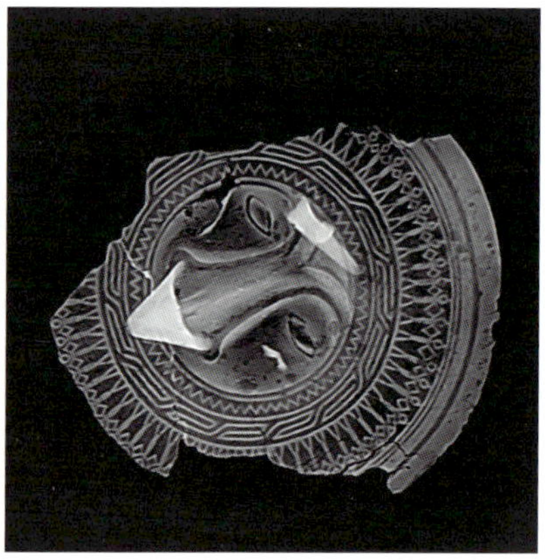 分析结果：西汉圆形鸟啄舞蹈人纹铜扣饰（昆双 54A）表面纹饰较为清晰，器物表面有较多裂隙，局部残缺，近半前人修复痕迹，局部锈蚀严重，局部矿化。	XXQ-2505 型号的 X 射线探伤仪
——	表面形貌	超景深	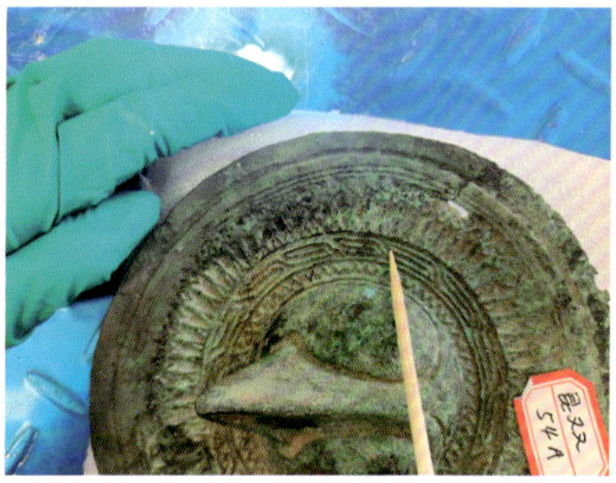  上图为铜扣饰表面纹饰放大 50 倍的超景深观察结果，此处纹饰凸起部分较窄，表面呈黑色有金属光泽，可见细微的划痕，沟壑部分较宽，布满绿色锈蚀。   上图为铜扣饰表面纹饰放大 50 倍的超景深观察结果，此处纹饰凸起部分较窄，表面一半呈黑色有金属光泽可见细微的划痕，另一半表面覆盖有绿锈，沟壑部分较宽，覆盖土色硬结物。有两处凸起部分呈红褐色锈。	VHX-5000 超景深显微镜

（续表）

采样位置	检测目的	检测分析方法	检测结果	备注
——	表面形貌	超景深	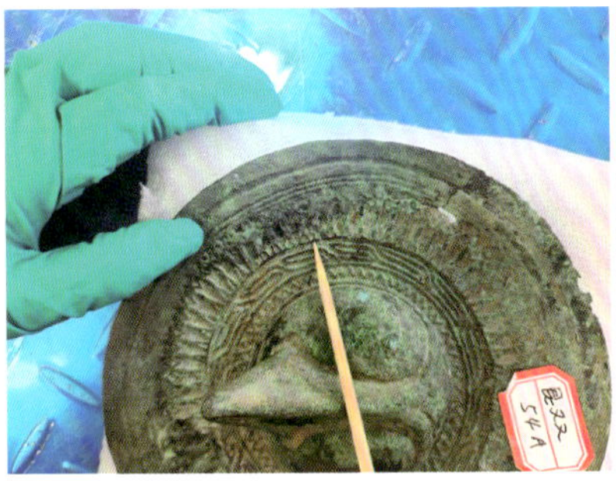  上图为铜扣饰表面纹饰放大 50 倍的超景深观察结果，此处纹饰凸起部分较窄有部分缺损，拐角处呈圆弧形，初步推断为泥条盘筑法制范后铸造。表面呈深色有金属光泽缺损处有绿锈，沟壑部分较宽覆盖土色硬结物。	VHX-5000 超景深显微镜
	检测氯化物	定性分析	 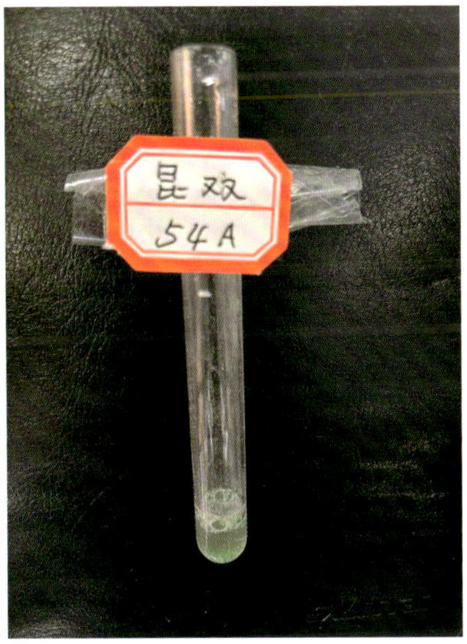 对保护修复的青铜器表面锈蚀进行刮取采样，向溶液中滴加几滴每升 0.1% 摩尔的 $AgNO_3$ 溶液后再加硝酸酸化，进行检测，如果试液颜色浑浊，说明锈蚀中含有氯化物，结果如上图所示，可以判断出器物表面无氯化物。	——

（续表）

<table>
<tr><th>采样位置</th><th>检测目的</th><th>检测分析方法</th><th colspan="7">检测结果</th><th>备注</th></tr>
<tr><td>整体扫描</td><td>本体元素、矿化程度</td><td>扫描电镜能谱分析</td><td colspan="7">测试条件：钨丝灯电子枪，背散射探头，激发电压为 20 千伏，扫描时间为 60 秒。成分含量以质量分数（Wt%）表示。
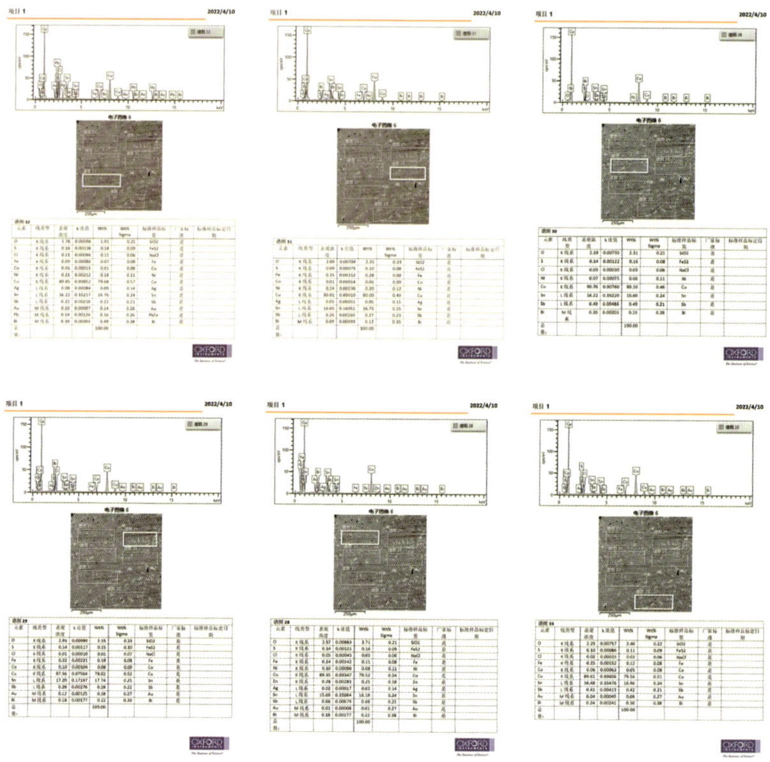
分析结果：该西汉圆形鸟啄舞蹈人纹铜扣饰（昆双 54A）为铜锡合金。</td><td>TESCAN VEGA-3XMU 扫描电子显微镜、OXFORD INCA x-act X 射线能谱仪</td></tr>
<tr><td rowspan="5">土样</td><td rowspan="5">土样中的离子</td><td rowspan="5">离子色谱</td><td>样品量</td><td>样品量</td><td>样品量</td><td>样品量</td><td>样品量</td><td>样品量</td><td>样品量</td><td rowspan="5">ICS-90/1000 离子色谱仪</td></tr>
<tr><td>mg/l</td><td>mg/l</td><td>mg/l</td><td>mg/l</td><td>mg/l</td><td>mg/l</td><td>mg/l</td></tr>
<tr><td>CL</td><td>NO3</td><td>SO4</td><td>Na</td><td>K</td><td>Mg</td><td>Ca</td></tr>
<tr><td>ECD_1</td><td>ECD_1</td><td>ECD_1</td><td>ECD_1_2</td><td>ECD_1_2</td><td>ECD_1_2</td><td>ECD_1_2</td></tr>
<tr><td>0.5707</td><td>0.5136</td><td>0.753</td><td>0.567</td><td>0.3346</td><td>0.3629</td><td>8.899</td></tr>
</table>

小结： 初步推断该西汉圆形鸟啄舞蹈人纹铜扣饰（昆双 54A）主要为铜锡二元合金。锈蚀产物孔雀石、铜铁矿、碳酸铜等都属于无害锈蚀，在后期修复保护过程中可以保留。表面纹饰较为清晰，器物表面有较多裂隙，局部残缺，近半为前人修复痕迹，局部锈蚀严重，后期做缓蚀处理以免锈蚀进一步深入，对于器物残缺部位进行补全。纹饰凸起部分较窄表面呈黑色有金属光泽可见细微的划痕，沟壑部分较宽布满绿色锈蚀。在后期清理时应小心处置，以免破坏纹饰。纹饰凸起部分较窄有部分缺损，拐角处呈圆弧形，初步推断为泥条盘筑法制范后铸造。表面呈深色有金属光泽缺损处有绿锈，沟壑部分较宽覆盖土色硬结物。在器物表面覆盖土的除去过程中，应小心谨慎，避免造成对器物的破坏与影响。土样阴离子主要为硫酸根，阳离子主要为钙离子，其中氯离子含量极少，故该器物含有粉状锈的可能性不大。定性分析表明表面无有害锈，在后期的修复保护中可以保留无害锈，以做到“最小干预”。

文物保护修复表

文物保护修复情况综述

保护修复步骤：

1. 前期信息采集

1.1 采集影像资料（照相）

1.2 文物基本信息、保存现状记录

1.3 建立文物保护修复档案

1.4 科学检测分析

2. 清理

对表面较疏松的附着物，使用羊毛刷、牙刷、竹签等工具予以清除。较坚硬的需要去除的锈蚀，先使用棉签、脱脂棉蘸取去离子水、无水乙醇，再使用手术刀等工具慢慢清除。对清理后的锈蚀进行硝酸银定性分析检测。

3. 粘接补配

使用环氧树脂黏合剂加滑石粉和矿物颜料搅拌均匀，涂抹在器物需要粘接补配的位置，凝固后打磨平整。

4. 缓蚀

采用通常用的 BTA 进行缓蚀处理方法，涂刷 3% 的 BTA 乙醇溶液进行缓蚀处理。

5. 封护

表面封护是减缓环境变化冲击和环境条件达不到要求时一种很好的处理解决办法，能够极大增强器物对空气污染的抵抗能力。封护前把器物放置到烘干箱里面，温度调至 50 摄氏度，烘干 30 分钟。用 2% 的 B72 乙酸乙酯溶液对器物进行均匀涂刷，进行封护。

6. 协色

依据器物表面所包含的颜色，选择合适的矿物颜料色粉。协色先进行小范围的试色，用调好的混合颜料反复以涂、点、拨等方式对补配的区域进行协色，使其与器身颜色相协调、统一。协色完成后，将其置于通风处晾干。

7. 完善档案

完善修复中所涉及的所有信息，包括修复材料、修复方法、遇到问题、各类影像资料等。

所用材料及工具：

化学试剂：BTA、B72、无水乙醇、乙酸乙酯、硝酸银、过氧化氢、去离子水；

工具：毛刷、手术刀、牙钻、烘干机、烧杯、电子秤、吹风机、卡尺、镊子、卷尺、热风筒；

材料：竹签、脱脂棉、标签、砂纸、滤纸、油画笔、自封袋、磨头、橡皮泥、热熔胶、纸胶带、矿物颜料、漆片、环氧树脂黏合剂、滑石粉、铜皮；

防护用具：医用布手套、一次性医用口罩、一次性医用橡胶手套。

（续表）

保护修复日志

2021 年 12 月 24 日

对器物进行拍照，对器物进行测量称重。该器物局部矿化，表面有硬造物、土垢和锈蚀物，器物有前人修复痕迹，器身上有残缺和小裂缝。

2022 年 1 月 4 日

绘制病害图，对器物拍摄视频影像，进行 X 射线扫描检测和 X 荧光光谱分析。

2022 年 1 月 10 日

对器物进行采样，进行硝酸银定性分析。

2022 年 1 月 21 日

进行超景深显微检测。

2022 年 1 月 23 日

用手术刀对器物清理除锈工作，先用手术刀一层层地把器物表面硬结物进行剔除，然后再用软毛刷，刷掉器物上的浮土。

在清理过程中，对疑似粉状锈，用硝酸银定性分析检测，没有发现白色沉淀物，证明不是有害锈。

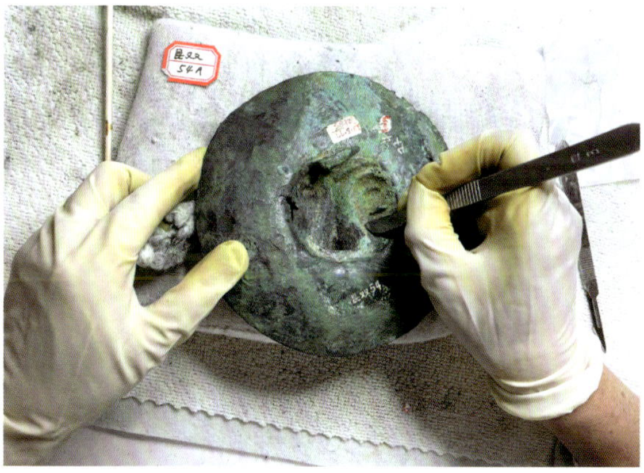

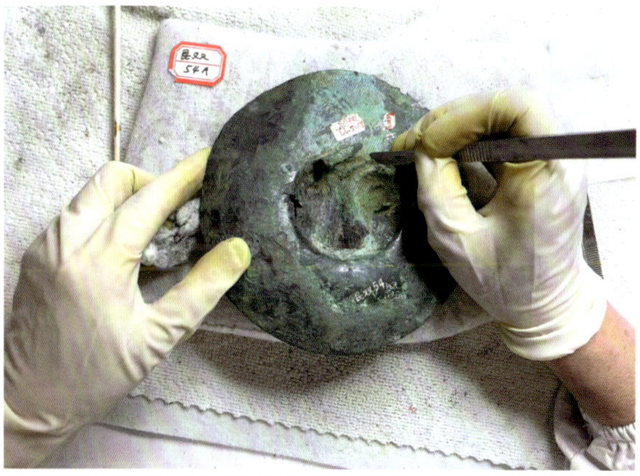

2022 年 1 月 24 日

用环氧树脂胶加颜料混合均匀后，填补在器物凹陷处和裂隙处。待胶凝固后，用打磨机和砂纸对粘接补全过的地方进行打磨，使其表面平整。有纹饰的地方刻出与器表类似的纹饰。

（续表）

2022 年 1 月 20 日

用 3% 的 BTA 乙醇溶液对器物进行均匀涂刷，进行缓蚀处理。

2022 年 3 月 1 日

用 3% 的 BTA 乙醇溶液对器物进行均匀涂刷，进行缓蚀处理。

（续表）

2022 年 3 月 2 日

封护前把器物放置到烘干箱里面，温度调至 50 摄氏度，烘干 30 分钟。用 2% 的 B72 乙酸乙酯溶液对器物进行均匀涂刷，进行封护加固。

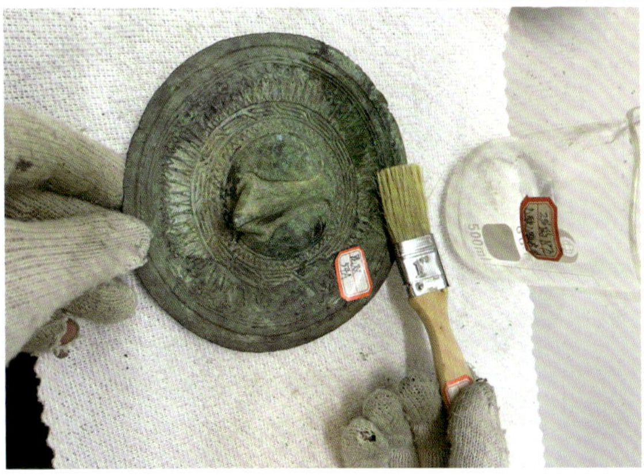

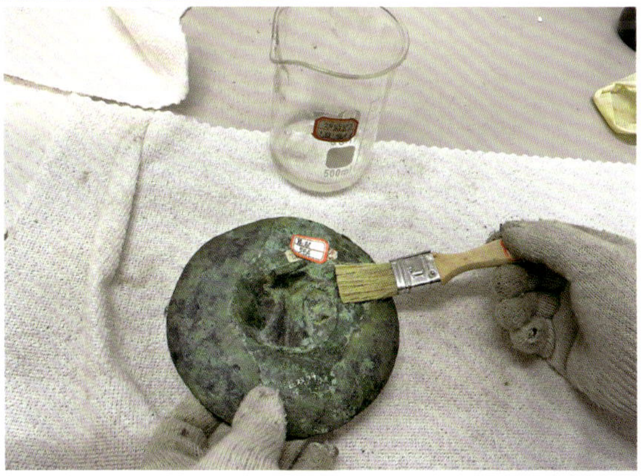

2022 年 3 月 4 日

利用虫胶乙醇溶液做胶黏剂，矿物颜料协色，通过不同手法将虫胶乙醇和颜料的混合物做到需要做旧的部位，使其锈色与其他位置相同，达到锈色统一协调的效果。

（续表）

2022 年 3 月 5 日

对修复后的器物进行测量、称重，拍摄修复后的照片。

2022 年 3 月 7 日

修复后的器物绘制二维线图，完善文物保护修复档案。

技术变更

无技术变更原因和变更方案

项目负责人意见及签名

（略）

（续表）

保护处理后尺寸（cm）	直径：15.5；高：4	保护处理后重量（g）	200
保护修复后图像资料	 		
保存条件及建议	建议：使用和保管的环境要严格监控，温度在18摄氏度到24摄氏度，相对湿度在40%以下，文物光照度控制在150±50勒克斯，紫外光不超过每流明20微瓦。在拿取文物时，工作人员要戴口罩和手套。		
完成日期	2022.03.05	保护修复人	（略）

二维线图

文物保护修复验收表

自评估意见：

该件文物的保护修复，严格遵照了文物保护修复基本原则，档案记载与病害图的绘制遵照了中华人民共和国文物保护行业标准《馆藏金属文物保护修复档案记录规范》（WW/T0010-2015）和《馆藏青铜器文物病害与图示》（GB/T30687-2014）的相关要求。

文物经保护修复后，病害得到消除与控制，文物能适应博物馆陈列展出与保管收藏的需要，完成了预期目标。

文物修复过程严格按照青铜器文物成熟修复方法和流程，为以后文物长久保存奠定了基础。

保护修复中遵循修旧如旧和最小干预等基本原则，成功地保护了这件珍贵文物，恢复了它的原有风貌，使其历史、艺术价值得以充分体现。

验收意见：

（略）

附：保护修复流程图

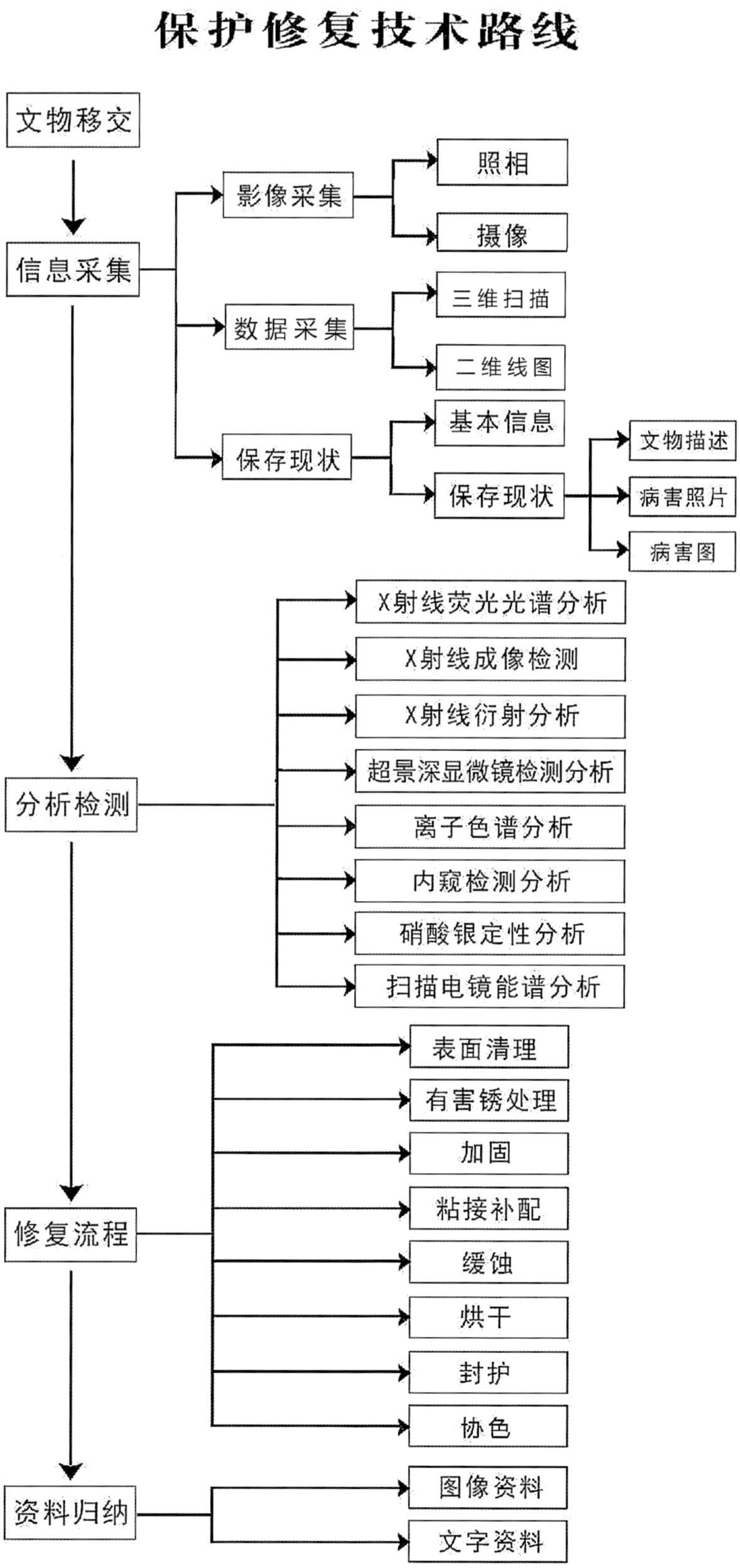
保护修复技术路线
文物移交
信息采集
影像采集
照相
摄像
数据采集
三维扫描
二维线图
保存现状
基本信息
保存现状
文物描述
病害照片
病害图
分析检测
X射线荧光光谱分析
X射线成像检测
X射线衍射分析
超景深显微镜检测分析
离子色谱分析
内窥检测分析
硝酸银定性分析
扫描电镜能谱分析
修复流程
表面清理
有害锈处理
加固
粘接补配
缓蚀
烘干
封护
协色
资料归纳
图像资料
文字资料

（五）档案5

馆藏金属文物保护修复记录

项目名称：云南省博物馆馆藏青铜文物保护修复

文物名称：立牛铜伞盖

文物编号：江李22：8

2021年12月

中华人民共和国国家文物局制

基本信息表

<table>
<tr><td>文物名称</td><td colspan="2">立牛铜伞盖</td><td>文物登录号</td><td colspan="2">江李 22 ： 8</td></tr>
<tr><td>文物材质</td><td colspan="2">铜</td><td>文物时代</td><td colspan="2">周</td></tr>
<tr><td>文物级别</td><td colspan="2">三级</td><td>收藏单位</td><td colspan="2">云南省博物馆</td></tr>
<tr><td rowspan="3">文物来源</td><td colspan="5">考古发掘</td></tr>
<tr><td>发掘时间</td><td colspan="4">无</td></tr>
<tr><td>发掘地点</td><td colspan="4">玉溪市江川县李家山 22 号古墓</td></tr>
<tr><td>保存现状</td><td colspan="5">该器物局部矿化，表面有硬结物、土垢和锈蚀物，该器物为残片，器身上有裂缝。破损为多个小块。</td></tr>
<tr><td>保护修复历史记录</td><td colspan="5">无</td></tr>
<tr><td>方案设计单位</td><td colspan="2">云南省博物馆</td><td>保护修复单位</td><td colspan="2">云南省博物馆</td></tr>
<tr><td>提取经办人</td><td colspan="2">刘洁、潘娇、陆静杰、许晖、唐永宏、张凌、赵国刚、李茜、郭玲妃</td><td>提取日期</td><td colspan="2">2021.12.21</td></tr>
<tr><td>返还经办人</td><td colspan="2">刘洁、潘娇、陆静杰、许晖、唐永宏、张凌、赵国刚、李茜、郭玲妃</td><td>返还日期</td><td colspan="2">2022.03.20</td></tr>
<tr><td>方案名称和编号</td><td colspan="5">云南省博物馆馆藏青铜文物保护修复方案</td></tr>
<tr><td>批准单位</td><td>云南省文物局</td><td>批准时间</td><td>2019 年</td><td>批准文号</td><td>云文博〔2019〕13 号</td></tr>
</table>

文物保存现状表

<table>
<tr><td>保护处理前尺寸（cm）</td><td>（大块残片）长：27；宽：26.3</td><td>保护处理前重量（g）</td><td>2373</td></tr>
<tr><td>文物原埋藏
及保存环境</td><td colspan="3">该青铜器埋藏于玉溪市江川县李家山22号古墓（出土于1972年），保护修复前保存在云南省博物馆文物库房内，库房内有恒温恒湿设备，温、湿度相对稳定。</td></tr>
<tr><td rowspan="2">病害状况</td><td colspan="3">该器物局部矿化，表面有硬结物、土垢和锈蚀物，该器物为残片，器身上有裂缝。破损为多个小块。</td></tr>
<tr><td colspan="3">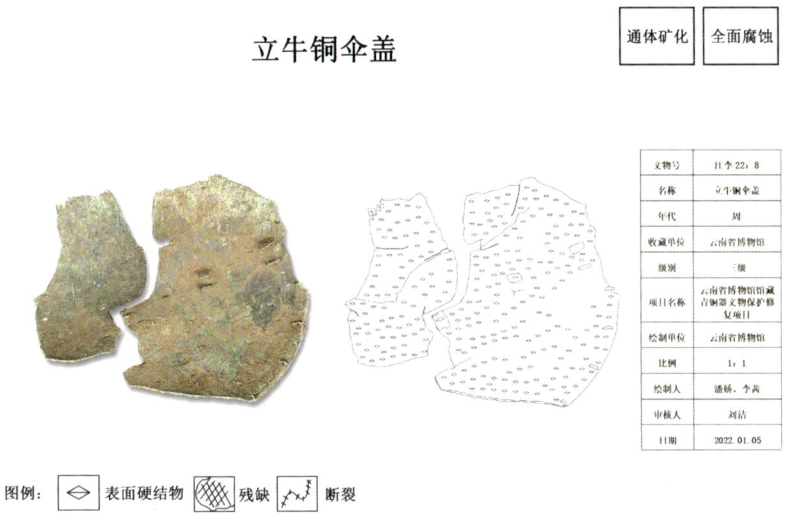

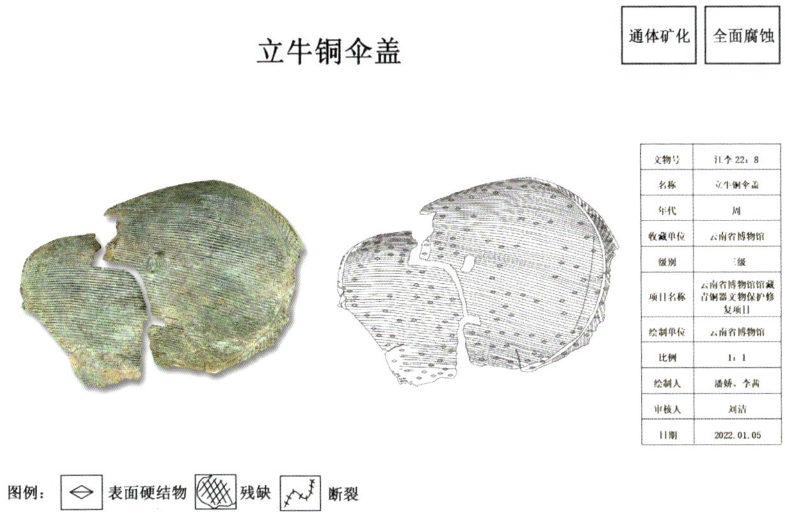
</td></tr>
</table>

（续表）

<table>
<tr><td>病害状况</td><td>

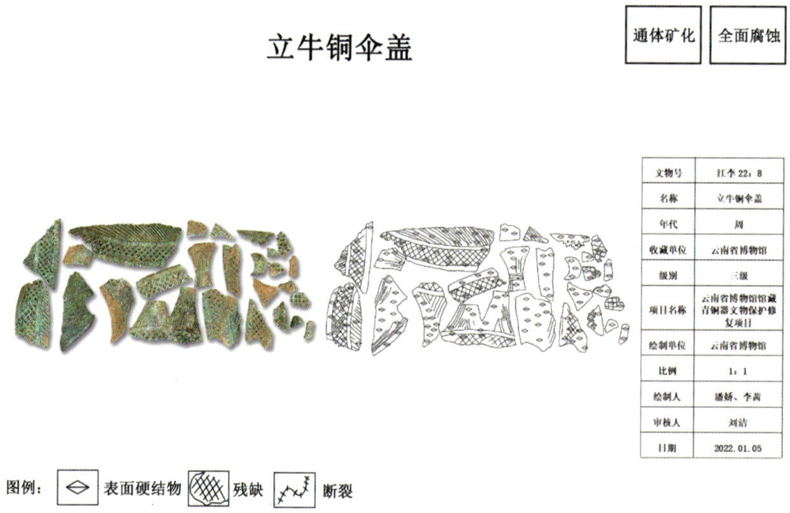
</td></tr>
<tr><td>原保护
修复情况</td><td>无前人修补痕迹</td></tr>
<tr><td>保护修复前图像资料</td><td></td></tr>
</table>

（续表）

<table>
<tr><td>保护修复前图像资料</td><td>

</td></tr>
<tr><td>备注</td><td>——</td></tr>
</table>

文物检测分析表

<table>
<tr><th>采样位置</th><th>检测目的</th><th>检测分析方法</th><th colspan="8">检测结果</th><th>备注</th></tr>
<tr><td rowspan="10">
</td><td rowspan="10">合金成分</td><td rowspan="10">XRF</td><td>元素</td><td>1</td><td>2</td><td>3</td><td>4</td><td>5</td><td>6</td><td>平均值</td><td rowspan="10">Bruker:S1 TITAN 的手持式 X 荧光光谱仪</td></tr>
<tr><td>Al</td><td>3.07</td><td>2.13</td><td>2.92</td><td>3.83</td><td>7.88</td><td>4.59</td><td>4.07</td></tr>
<tr><td>Si</td><td>8.82</td><td>7.59</td><td>5.28</td><td>4.12</td><td>11.21</td><td>6.53</td><td>7.26</td></tr>
<tr><td>P</td><td>0.16</td><td>2.26</td><td>1.21</td><td>3.59</td><td>3.38</td><td>3.39</td><td>2.33</td></tr>
<tr><td>Ti</td><td>0.08</td><td>0.00</td><td>0.14</td><td>0.10</td><td>0.29</td><td>0.38</td><td>0.17</td></tr>
<tr><td>Fe</td><td>0.71</td><td>1.09</td><td>1.21</td><td>0.93</td><td>1.22</td><td>0.70</td><td>0.98</td></tr>
<tr><td>Cu</td><td>73.79</td><td>73.73</td><td>53.42</td><td>54.00</td><td>55.46</td><td>62.68</td><td>62.18</td></tr>
<tr><td>Sn</td><td>10.61</td><td>10.18</td><td>23.16</td><td>22.27</td><td>14.81</td><td>16.98</td><td>16.33</td></tr>
<tr><td>Pb</td><td>2.70</td><td>1.90</td><td>12.51</td><td>11.12</td><td>4.79</td><td>3.51</td><td>6.09</td></tr>
<tr><td>S</td><td>0.00</td><td>1.07</td><td>0.00</td><td>0.01</td><td>0.94</td><td>1.21</td><td>0.54</td></tr>
<tr><td>粉末状锈蚀
</td><td>锈蚀产物</td><td>XRD</td><td colspan="8">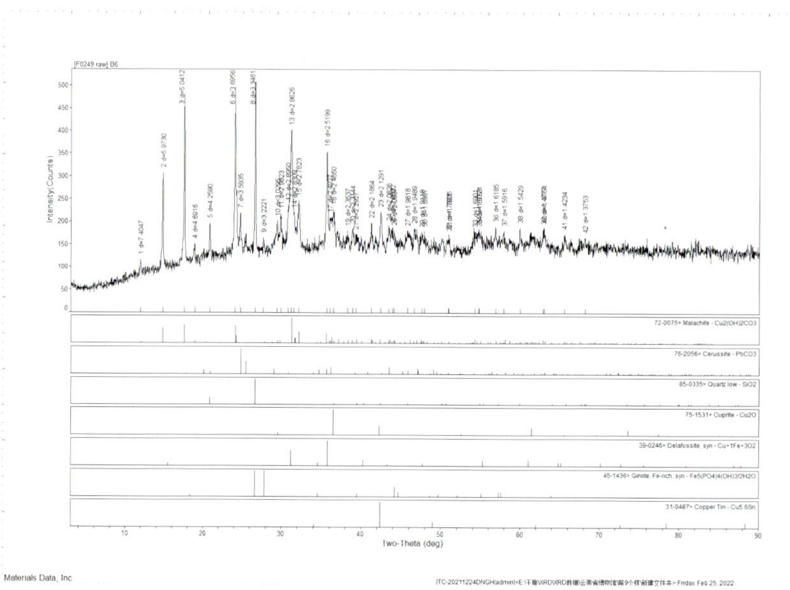
分析结果：该立牛铜伞盖（江李 M22 ： 8）锈蚀产物为孔雀石、白铅矿、赤铜矿、铜铁矿等。</td><td>日本理学 Rigaku TTRIII 型</td></tr>
</table>

（续表）

采样位置	检测目的	检测分析方法	检测结果	备注
整体扫描	揭示隐藏病害	X 射线成像	 分析结果：立牛铜伞盖（江李M22：8）表面纹饰较为清晰，碎裂为多块，器身有部分缺失，局部锈蚀严重，局部矿化。	XXQ-2505 型号的 X 射线探伤仪
——	表面形貌	超景深	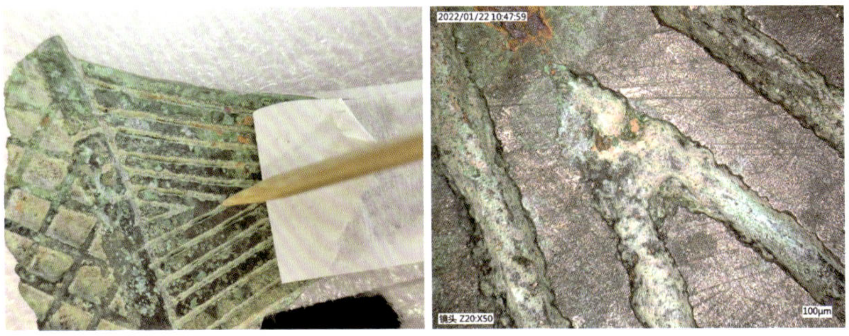 上图为立牛铜伞盖纹饰放大 50 倍的超景深观察结果，器物表面平整有细微划痕，沟錾部分较窄线条不平滑，其中覆盖浅绿色锈蚀。	VHX-5000 超景深显微镜

（续表）

采样位置	检测目的	检测分析方法	检测结果	备注
——	表面形貌	超景深	  上图为立牛铜伞盖部件连接处放大 50 倍的超景深观察结果，可见连接处不平整，表面锈蚀呈深色，伞盖被绿色锈蚀覆盖。   上图为立牛铜伞盖碎片处绿锈放大 50 倍的超景深观察结果，大量的绿锈呈胶结状，疑为历史修复痕迹，还存在少量褐色硬结物。	VHX-5000 超景深显微镜
	检测氯化物	定性分析	 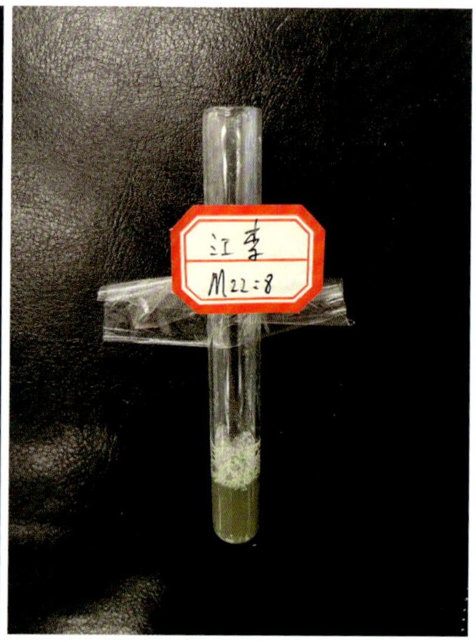 对保护修复的青铜器表面锈蚀进行刮取采样，向溶液中滴加几滴每升 0.1% 摩尔的 $AgNO_3$ 溶液后再加硝酸酸化，进行检测，如果试液颜色浑浊，说明锈蚀中含有氯化物，结果如上图所示，可以判断出器物表面无氯化物。	——

（续表）

采样位置	检测目的	检测分析方法	检测结果							备注
土样	土样中的离子	离子色谱	样品量	样品量	样品量	样品量	样品量	样品量	样品量	ICS-90/1000 离子色谱仪
			mg/l	mg/l	mg/l	mg/l	mg/l	mg/l	mg/l	
			CL	NO3	SO4	Na	K	Mg	Ca	
			ECD_1	ECD_1	ECD_1	ECD_1_2	ECD_1_2	ECD_1_2	ECD_1_2	
			0.597	0.5812	12.4477	0.6379	0.4778	0.3931	11.5193	

小结：初步推断该立牛铜伞盖（江李 M22 ： 8）主要为铜锡铅三元合金。锈蚀产物为孔雀石、白铅矿、赤铜矿、铜铁矿等，都属于无害锈蚀，在后期修复保护过程中可以保留。表面纹饰较为清晰，碎裂为多块，器身有部分缺失，局部锈蚀严重，局部矿化。对于器物进行粘接补全。器物表面平整有细微划痕，沟壑部分较窄线条不平滑，其中覆盖浅绿色锈蚀。在后期清理时应小心处置，以免破坏纹饰。器物连接处不平整，表面锈蚀呈深色，伞盖被绿色锈蚀覆盖。在器物表面覆盖土的去除过程中，应小心谨慎，避免造成对器物的破坏与影响。大量的绿锈呈胶结状，疑为历史修复痕迹，还存在少量褐色硬结物。土样阴离子主要为硫酸根，阳离子主要为钙离子，其中氯离子含量极少，故该器物含有粉状锈的可能性不大。定性分析表明表面无有害锈，在后期的修复保护中可以保留无害锈，以做到“最小干预”。

文物保护修复表

文物保护修复情况综述

保护修复步骤：

1. 前期信息采集

1.1 采集影像资料（照相）

1.2 文物基本信息、保存现状记录

1.3 建立文物保护修复档案

1.4 科学检测分析

2. 清理

对表面较疏松的附着物，使用羊毛刷、牙刷、竹签等工具予以清除。较坚硬的需要去除的锈蚀，先使用棉签、脱脂棉蘸取去离子水、无水乙醇，再使用手术刀等工具慢慢清除。对清理后的锈蚀进行硝酸银定性分析检测。

3. 粘接补配

使用环氧树脂黏合剂加滑石粉和矿物颜料搅拌均匀，涂抹在器物需要粘接补配的位置，凝固后打磨平整。

4. 缓蚀

涂刷 3% 的 BTA 乙醇溶液进行缓蚀处理。

5. 封护

表面封护是减缓环境变化冲击和环境条件达不到要求时一种很好的处理解决办法，能够极大增强器物对空气污染的抵抗能力。封护前把器物放置到烘干箱里面，温度调至 50 摄氏度，烘干 30 分钟。用 2% 的 B72 乙酸乙酯溶液对器物进行均匀涂刷，进行封护。

6. 协色

依据器物表面所包含的颜色，选择合适的矿物颜料色粉。协色先进行小范围的试色，用调好的混合颜料反复以涂、点、拨等方式对补配的区域进行协色，使其与器身颜色相协调、统一。协色完成后，将其置于通风处晾干。

7. 完善档案

完善修复中所涉及的所有信息，包括修复材料、修复方法、遇到问题、各类影像资料等。

所用材料及工具：

化学试剂：BTA、B72、无水乙醇、乙酸乙酯、硝酸银、过氧化氢、去离子水；

工具：毛刷、手术刀、牙钻、烘干机、烧杯、电子秤、吹风机、卡尺、镊子、卷尺、热风筒；

材料：竹签、脱脂棉、标签、砂纸、滤纸、油画笔、自封袋、磨头、橡皮泥、热熔胶、纸胶带、矿物颜料、漆片、环氧树脂黏合剂、滑石粉、铜皮；

防护用具：医用布手套、一次性医用口罩、一次性医用橡胶手套。

（续表）

保护修复日志

2021 年 12 月 24 日

对器物进行拍照，对器物进行测量称重。该器物局部矿化，表面有硬结物、土锈和锈蚀物。该器物为残片，器身上有裂隙，破损为多个小块。

2022 年 1 月 4 日

绘制病害图，对器物拍摄视频影像，进行 X 射线扫描检测和 X 荧光光谱分析。

2022 年 1 月 10 日

对器物进行采样，进行硝酸银定性分析。

2022 年 1 月 22 日

进行超景深显微检测。

2022 年 1 月 24 日

用手术刀对器物清理除锈工作，先用手术刀一层层地把器物表面硬结物进行剔除，然后再用软毛刷，刷掉器物上的浮土。

在清理过程中，对疑似粉状锈，用硝酸银定性分析检测，没有发现白色沉淀物，证明不是有害锈。

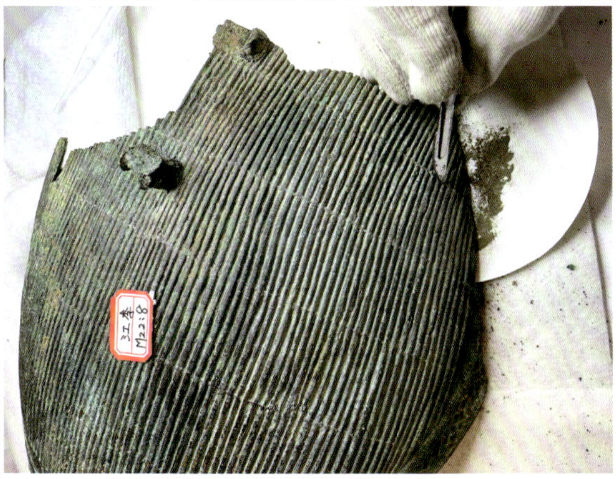

（续表）

2022 年 2 月 22 日

把立牛铜伞盖残片进行拼对，使其拼对严丝合缝。吃力的地方进行焊接，先用切片在吃力的地方切出焊槽，放入磨好长短合适的铜丝，锡焊法用电烙铁进行焊接

把其余不需要焊接的地方，使用 3A 环氧树脂胶进行粘接，为防止发生再次断裂，用剪刀剪出与断裂处形状一致的纱网，贴在裂缝处，再用环氧树脂胶进行加固，把热风枪调至合适温度，用热风枪加热环氧树脂，使其充分流入缝隙中。

2022 年 3 月 5 日

用打磨机和砂纸对焊接与粘接过的地方进行打磨，使其表面平整。

（续表）

2022 年 3 月 13 日

用 3% 的 BTA 乙醇溶液对器物进行均匀涂刷，进行缓蚀。

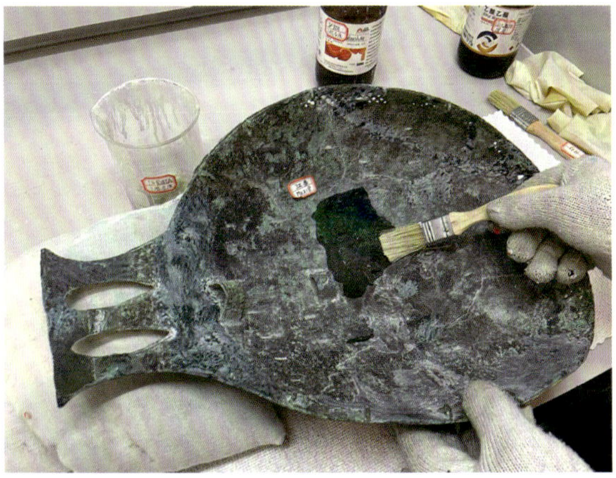
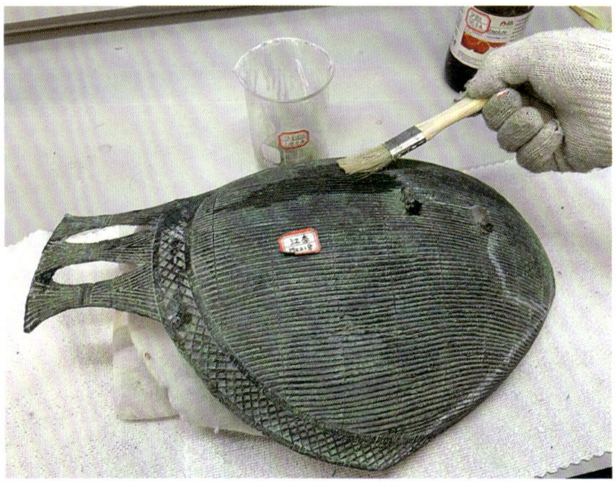

2022 年 3 月 15 日

封护前把器物放置到烘干箱里面，温度调至 50 摄氏度，烘干 30 分钟。用 2% 的 B72 乙酸乙酯溶液对器物进行均匀涂刷，进行封护。

（续表）

2022 年 3 月 16 日

利用虫胶乙醇溶液做胶黏剂，矿物颜料协色，通过不同手法将虫胶乙醇和颜料的混合物做到需要做旧的部位，使其锈色与其他位置相同，达到锈色统一协调的效果。

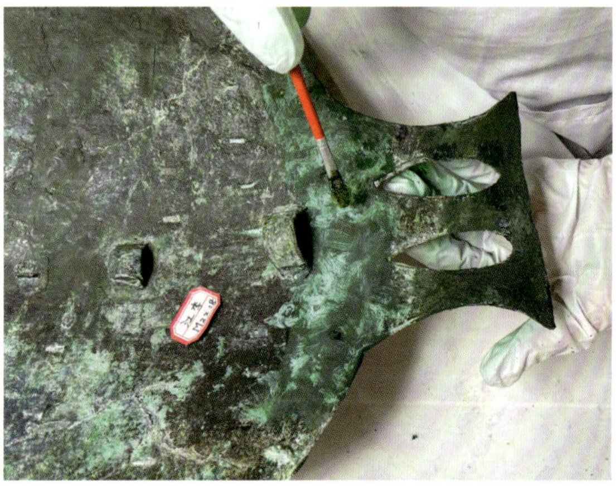

（续表）

2022 年 3 月 17 日

对修复后的器物进行测量、称重，拍摄修复后的照片。修复后的器物绘制二维线图，完善文物保护修复档案。

技术变更
无技术变更原因和变更方案
项目负责人意见及签名
（略）

（续表）

保护处理后尺寸（cm）	长：44.7；宽：29；高 12	保护处理后重量（g）	2369
保护修复后图像资料	 		

（续表）

保护修复后图像资料	 

（续表）

<table>
<tr><td>保护修复后
图像资料</td><td colspan="3"></td></tr>
<tr><td>保存条件及
建议</td><td colspan="3">建议：使用和保管的环境要严格监控，温度在18摄氏度到24摄氏度，相对湿度在40%以下，文物光照度控制在150±50勒克斯，紫外光不超过每流明20微瓦。在拿取文物时，工作人员要戴口罩和手套。</td></tr>
<tr><td>完成日期</td><td>2022.03.17</td><td>保护修复人</td><td>（略）</td></tr>
</table>

二维线图

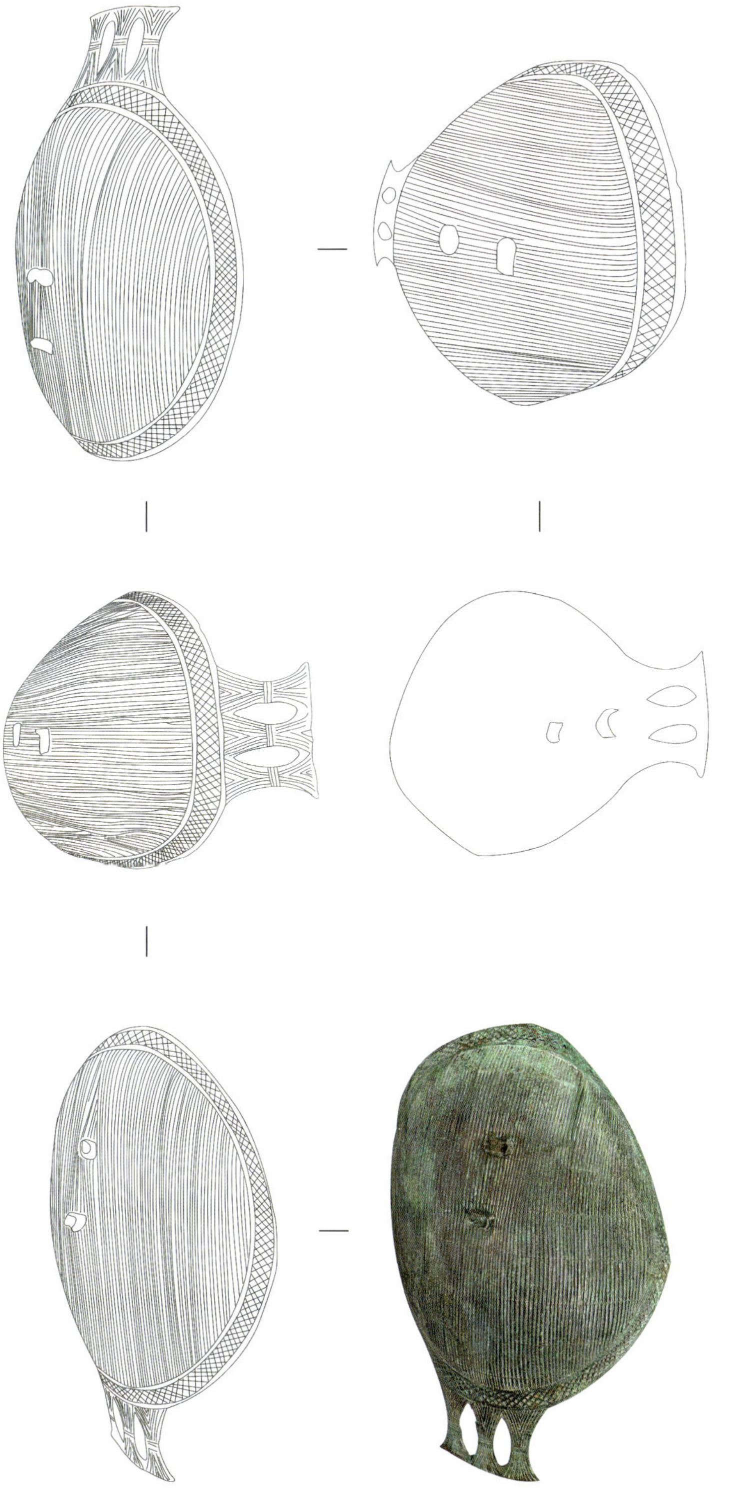

文物保护修复验收表

自评估意见：

该件文物的保护修复，严格遵照了文物保护修复基本原则，档案记载与病害图的绘制遵照了中华人民共和国文物保护行业标准《馆藏金属文物保护修复档案记录规范》（WW/T0010-2015）和《馆藏青铜器文物病害与图示》（GB/T30687-2014）的相关要求。

文物经保护修复后，病害得到消除与控制，文物能适应博物馆陈列展出与保管收藏的需要，完成了预期目标。

文物修复过程严格按照青铜器文物成熟修复方法和流程，为以后文物长久保存奠定了基础。

保护修复中遵循修旧如旧和最小干预等基本原则，成功地保护了这件珍贵文物，恢复了它原有风貌，使其历史、艺术价值得以充分体现。

验收意见：

（略）

附：保护修复流程图

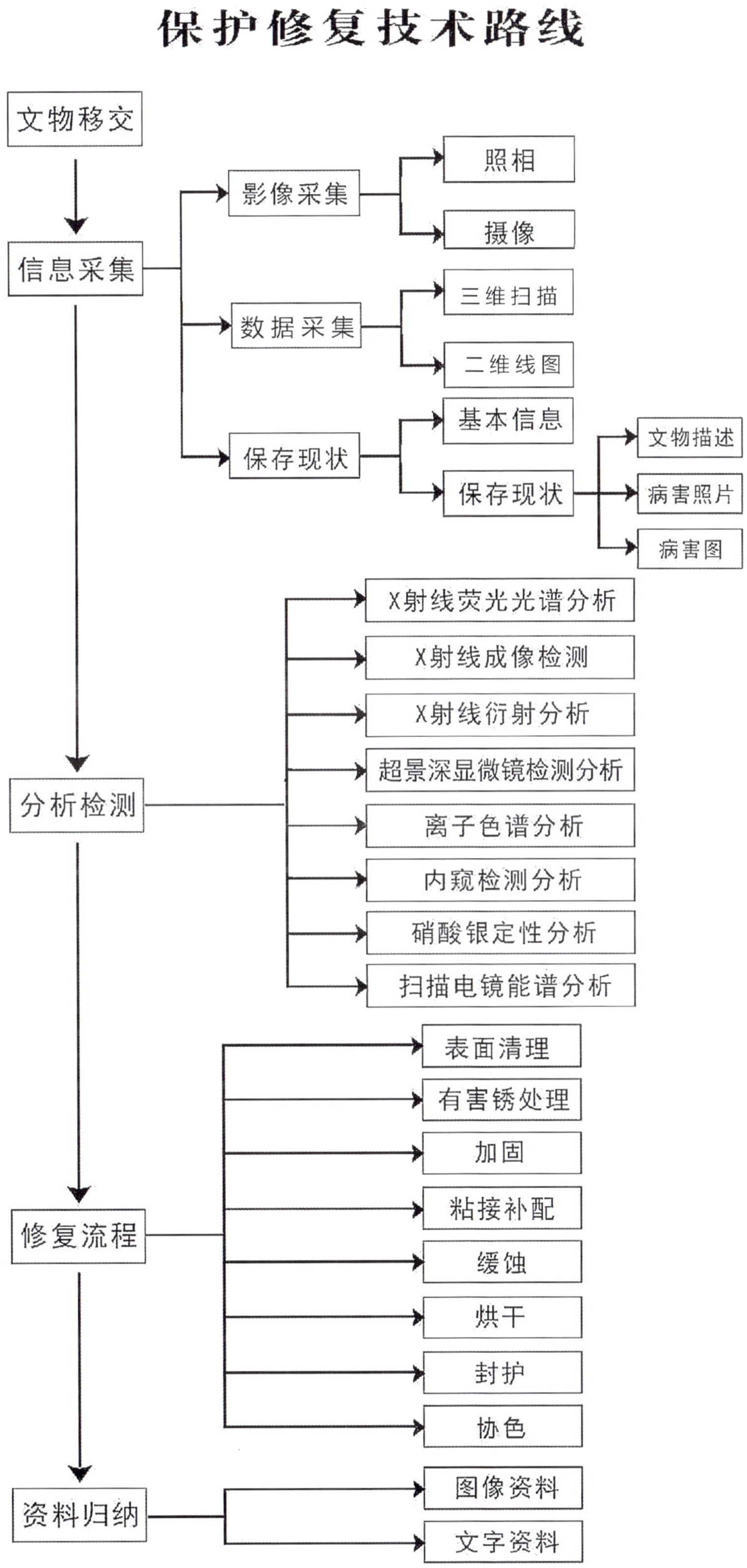
保护修复技术路线
文物移交
信息采集
影像采集
照相
摄像
数据采集
三维扫描
二维线图
保存现状
基本信息
保存现状
文物描述
病害照片
病害图
分析检测
X射线荧光光谱分析
X射线成像检测
X射线衍射分析
超景深显微镜检测分析
离子色谱分析
内窥检测分析
硝酸银定性分析
扫描电镜能谱分析
修复流程
表面清理
有害锈处理
加固
粘接补配
缓蚀
烘干
封护
协色
资料归纳
图像资料
文字资料

七　文物保护修复前后对比图

西汉镶石长方形铜扣饰（江李 M1 ：20）

战国立牛铜伞盖（江李 M21 ：54）

立牛铜伞盖（江李 M22 ：8）

铜伞盖（江李 M23 ： 28）

西汉八牛铜贮贝器盖（石十七 12）

西汉镀锡虎纹铜剑（石甲 M6 ： 46）

西汉镀锡铜伞盖（石甲 M6 ： 4）

西汉二兽争鱼铜戈（石甲 M12 ： 12）

西汉猴柄铜剑（石甲 M4 ： 5）

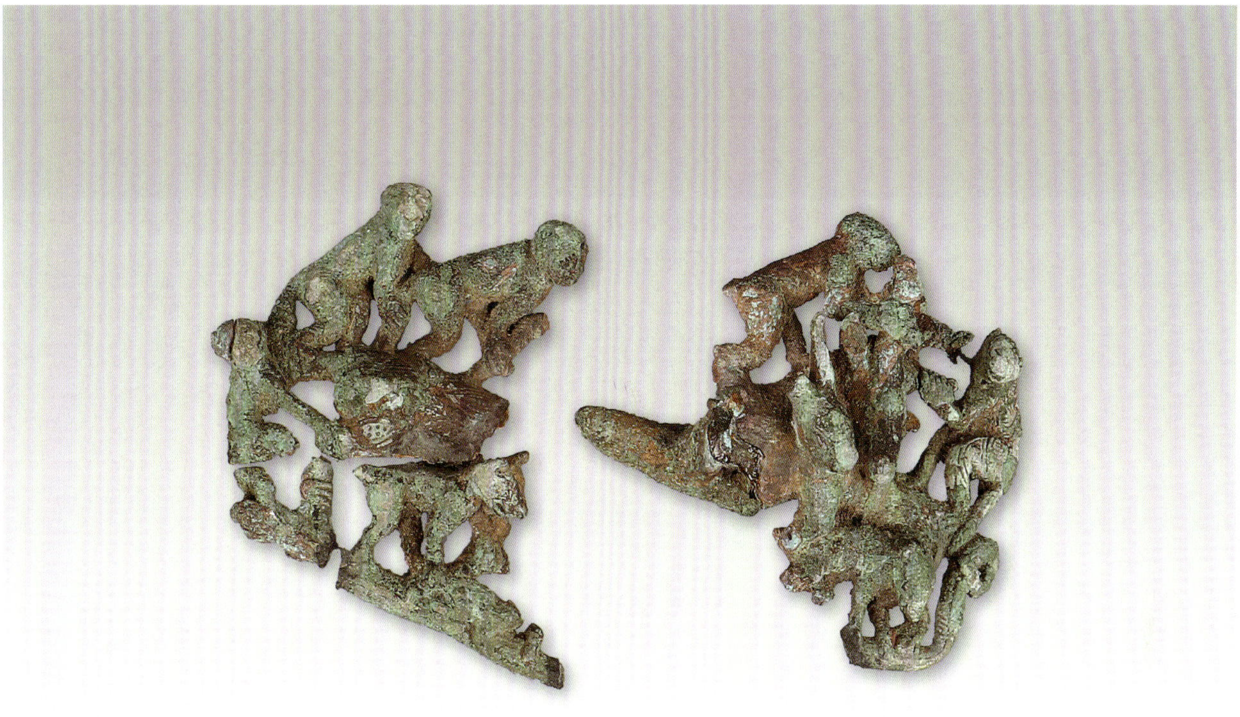

西汉猴鹿兔狗猪铜扣饰（石三十三 10）

西汉祭祀人物铜鼓形贮贝器（石甲 M1 ： 57A）

西汉祭祀人物铜鼓形贮贝器（石甲 M1 ： 57A）

西汉立豹铜矛（石三 48）

西汉铜杯（石甲 M1 ：6-1）

西汉铜鼓（石甲 M16 ： 3）

西汉宴乐籍田铜鼓形贮贝器（石甲 M12 ：2）

西汉卷云纹铜斧（石甲 M3 ： 78 / 石三 39）

西汉刻牛头孔雀纹铜锄（石甲 M1 ： 18 / 石一 25）

西汉无格铜剑（石甲 M5 ： 10）

西汉鱼尾铜斧（石三 85-1A）

西汉铜剑（石甲 M6 ： 29）

附录：青铜文物病害统计表

序号	文物编号	文物名称	碎裂断裂	残缺	变形	裂隙	全面腐蚀	点腐蚀	矿化	表面硬结物	孔洞	层状堆积	修复材料老化
1	江李 M1 ： 15	西汉镀锡举手人纹铜戈					√			√			
2	江李 M26 ： 5	西汉三足铜釜	√				√		√	√			
3	江李 M1 ： 22	西汉无格铜剑		√			√		√	√			
4	江李 M1 ： 20	西汉镶石长方形铜扣饰					√		√	√			
5	江李 M3 ： 4	西汉圆形铜扣饰	√						√	√			√
6	江李 M21 ： 76	战国带盖铜杯								√	√		
7	江李 M22 ： 4	战国带盖铜壶		√			√		√	√			√
8	江李 M23 填土	战国带鞘铜剑					√			√			
9	江李 M21 ： 89	战国单栓铜斧					√		√	√			
10	江李 M21 ： 100	战国单栓有肩铜斧								√			
11	江李 M24 ： 45	战国镀锡单栓铜矛					√			√			
12	江李 M24 ： 31	战国镀锡单栓铜矛				√				√			
13	江李 M23 ： 35	战国镀锡铜剑							√	√			
14	江李 M21 ： 84	战国镀锡铜矛	√	√						√			
15	江李 M24 ： 9	战国镀锡铜戚								√			
16	江李 M24 ： 65	战国镀锡铜刷形器	√							√			√
17	江李 M23 ： 4	战国饰跪俑小铜剑					√		√	√			
18	江李 M20 ： 24	战国虎噬猪铜扣饰	√							√			
19	江李 M13（号不清）	战国举手人纹铜戈								√			
20	江李 M21 ： 65	战国举手人纹铜戈								√			
21	江李 M21 ： 54	战国立牛铜伞盖	√	√						√			√
22	江李 M23 ： 5	战国立兽铜杯盖					√			√			
23	江李 M21 ： 93	战国铜矛头狼牙棒					√			√	√		
24	江李 M21 ： 83	战国曲刃铜矛					√			√			
25	江李 M23 ： 1	战国铜杯	√			√	√			√			
26	江李 M22 ： 6	战国铜匕	√	√			√			√			√
27	江李 M21 ： 19	战国房子模型铜扣饰		√			√			√			

（续表）

序号	文物编号	文物名称	碎裂断裂	残缺	变形	裂隙	全面腐蚀	点腐蚀	矿化	表面硬结物	孔洞	层状堆积	修复材料老化
28	江李 M21 ： 74	战国铜鼓盖长颈铜瓶				√	√			√			
29	江李 M21 ： 82	战国铜矛		√			√			√			
30	江李 M21 ： 81	战国铜矛					√			√			
31	江李 M21 ： 85	战国铜矛	√				√			√			
32	江李 M21 ： 88	战国铜矛					√			√			
33	江李 M17 ： 17	战国镶石铜手镯					√		√	√			
34	江李 M24 ： 91	战国雉鸡衔蛇铜扣饰	√						√	√			√
35	石甲 M6 ： 24	西汉镀锡铜扣饰			√	√	√			√			
36	石十二 17-1	西汉举手人纹铜戈					√			√			
37	石甲 M7 ： 34	西汉骑士铜扣饰					√		√	√			
38	石甲 M13 ： 258 底	西汉三狼噬羊铜扣饰					√						√
39	石甲 M12 ： 169	西汉铜鼓卧牛铜器盖								√			
40	石甲 M11 ： 23	西汉铜牛头残件	√	√		√	√		√	√			
41	石甲 M4 ： 23	西汉鹗形铜扣饰				√				√			√
42	石甲 M12 ： 125	西汉叶脉纹铜锄		√						√			
43	石甲 M6 ： 125	西汉羊角纽铜钟		√					√	√			
44	江李 M24 ： 1	战国巫师铜鱼杖头		√			√			√			
45	江李 M18 ： 2	立牛盖铜壶		√	√	√	√		√	√			
46	石甲 M1 ： 6-1	西汉铜杯		√		√	√			√			√
47	石甲 M1 ： 27	西汉子母鹿饰铜杖头		√		√	√		√	√			
48	江李 M11 ： 1	战国立牛盖铜杯		√						√	√		√
49	江李 M17 ： 27	战国镂空铜杯					√			√			√
50	江李 M22 ： 20	战国饰跪佣长柄铜勺		√					√	√			
51	江李 M21 ： 10	战国圆形太阳纹铜扣饰					√			√			
52	石甲 M3 ： 28	西汉带鞘铜剑	√	√			√			√			√
53	石甲 M6 ： 4	西汉镀锡带柄铜伞盖	√	√	√		√			√			

（续表）

序号	文物编号	文物名称	碎裂断裂	残缺	变形	裂隙	全面腐蚀	点腐蚀	矿化	表面硬结物	孔洞	层状堆积	修复材料老化
54	石甲 M4 ： 5	西汉猴柄铜剑	√							√			
55	石三 48	西汉立豹铜矛	√				√			√			√
56	石四 38A	西汉猎首纹铜剑柄残件		√				√	√	√			
57	石甲 M1 ： 58-1	西汉铜男俑					√			√			
58	石甲 M3 ： 147-1	西汉铜剑鞘头		√			√		√	√			
59	石甲 M6 ： 29	西汉无格铜剑		√			√	√		√			
60	石甲 M6 ： 35	西汉镶石柄铜剑	√							√			
61	石甲 M6 ： 46	西汉镀锡虎纹铜剑	√						√	√			
62	石十二 6	西汉镀锡柳叶形大铜矛		√						√			
63	石甲 M6 ： 93	西汉二兽铜斧		√			√			√			
64	石甲 M12 ： 12	西汉二兽争鱼铜戈	√				√			√	√		
65	石甲 M7 ： 31	西汉虎噬猪铜扣饰							√	√			
66	石甲 M9 ： 6	西汉铜泡钉		√						√			
67	石甲 M12 ： 3	西汉铜执伞女俑		√		√				√			
68	石甲 M12 ： 141	西汉镶金银饰片				√				√			√
69	石甲 M10 ： 45	西汉鸮饰铜钺							√	√			
70	石十六 2A	戴冠人物铜钺		√					√	√			
71	石十七 12	西汉八牛铜贮贝器盖	√	√			√		√	√			
72	石甲 M20 ： 2	西汉铜持伞女俑	√	√		√			√	√			
73	石甲 M20 ： 15	西汉镀锡鸳鸯铜杖头					√		√	√			
74	石甲 M15 ： 9	西汉二牛铜枕		√					√	√			
75	石甲 M16 ： 6	西汉立牛铜枕		√		√			√	√			√
76	石甲 M16 ： 3	西汉铜鼓		√		√				√			
77	石十五 36	西汉铜葫芦笙							√	√			
78	江李 M22 ： 8	立牛铜伞盖	√	√		√			√	√			
79	江李 M23 ： 28	铜伞盖	√	√		√			√	√			
80	石三十三石 10	西汉猴鹿兔狗猪铜扣饰	√						√	√			√

（续表）

序号	文物编号	文物名称	碎裂断裂	残缺	变形	裂隙	全面腐蚀	点腐蚀	矿化	表面硬结物	孔洞	层状堆积	修复材料老化
81	石甲 M20 ： 4	西汉虎耳五牛铜贮贝器	√	√	√				√	√			
82	石甲 M1 ： 57A	西汉祭祀人物铜鼓形贮贝器		√		√			√	√			√
83	石 M6 ： 16	西汉圆形群猴镶石铜扣饰				√			√	√		√	
84	石二十四 8	西汉镶石铜手镯					√			√			
85	昆双 54A	西汉圆形鸟啄舞蹈人纹铜扣饰		√		√			√	√			√
86	石甲 M17 ： 14	西汉八人猎虎铜扣饰				√				√			
87	石甲 M15 ： 22	西汉立虎铜杯		√		√				√			
88	石甲 M12 ： 2	西汉宴乐籍田铜鼓形贮贝器	√	√						√			√
89	江李 24 ： 9	战国虎衔蛇雉鸡铜扣饰					√		√	√			√
90	石甲 M3 ： 13/石三 7-1	西汉八棱铜棒					√		√	√		√	
91	石甲 M3 ： 13/石三 7-2	西汉八棱铜棒							√	√			
92	石甲 M3 ： 94/石三 53	西汉八栓铜矛							√	√			
93	石甲 M3 ： 80/石三 42	西汉单栓铜斧					√			√		√	
94	石甲 M3 ： 81/石三 44	西汉单栓铜斧					√		√	√		√	
95	石甲 M3 ： 82/石三 49	西汉单栓铜斧		√			√		√	√			
96	石甲 M3 ： 12/石三 8-1	西汉镀锡蛇形铜叉		√					√	√			
97	石一 17-2	西汉镀锡铜牛头		√					√	√			
98	石甲 M3 ： 100/石三 131、57	西汉镀锡小铜矛							√	√			
99	石甲 M3 ： 91/石三 56-1	西汉举手舞人纹铜戈								√			
100	石甲 M3 ： 1/石三 173A	西汉卷云纹铜铲		√			√		√	√			

（续表）

序号	文物编号	文物名称	碎裂断裂	残缺	变形	裂隙	全面腐蚀	点腐蚀	矿化	表面硬结物	孔洞	层状堆积	修复材料老化
101	石甲 M3 ： 78/石三 39	西汉卷云纹铜斧					√			√		√	
102	石甲 M3 ： 85/石三 50	西汉立豹铜斧		√						√	√		√
103	石一 15	西汉立兔铜杖头		√		√				√			
104	石甲 M1 ： 58-2/石一 47	西汉铜女俑杖头		√					√	√			√
105	石甲 M1 ： 6-1/石一 78-1、2	西汉铜杯				√	√			√			√
106	石甲 M3 ： 88/石三 161	西汉曲刃铜戈		√			√		√	√			√
107	石甲 M3 ： 45/石三 30	西汉人头柄铜剑		√			√		√	√			
108	石甲 M3 ： 39	西汉蛇纹柄铜剑	√				√		√	√			√
109	石甲 M3 ： 9/石三 5-1	西汉铜镦					√	√	√	√			
110	石甲 M3 ： 9/石三 5-2	西汉铜镦		√					√	√			
111	石甲 M3 ： 84/石三 91A	西汉铜斧					√		√	√		√	
112	石甲 M3 ： 84/石三 165	西汉铜斧						√	√	√		√	
113	石甲 M3 ： 34/石三 21	西汉铜剑				√			√	√			√
114	石甲 M3 ： 10/石三 2-1、2	西汉铜狼牙棒		√					√	√			
115	石甲 M1 ： 21/石一 18	西汉铜绕线板	√	√		√	√		√	√			
116	石甲 M3 ： 27/石三 170A	西汉铜钺							√	√			
117	石甲 M1 ： 6	西汉铜尊								√			
118	石甲 M1 ： 33/石一 10	西汉卧鹿铜杖头		√						√			
119	石一 5	西汉鹦鹉铜杖头		√		√				√			
120	石甲 M3 ： 101	西汉八栓铜矛							√	√			
121	石三 59-3	西汉八栓铜矛		√			√		√	√			

（续表）

序号	文物编号	文物名称	碎裂断裂	残缺	变形	裂隙	全面腐蚀	点腐蚀	矿化	表面硬结物	孔洞	层状堆积	修复材料老化
122	石三 51	西汉单栓铜斧							√	√		√	
123	石甲 M4 ：37	西汉单栓铜斧		√					√	√		√	
124	石甲 M3 ：102/石三 129	西汉单栓铜矛		√					√	√			
125	石甲 M3 ：108/石三 76	西汉刻凤纹铜矛		√				√	√	√			
126	石甲 M3 ：105-1/石三 68	西汉柳叶形铜矛		√					√	√			
127	石甲 M3 ：105-2	西汉柳叶形铜矛		√					√	√			
128	石甲 M3 ：106-2	西汉双栓铜矛		√					√	√			
129	石甲 M3 ：109/石三 70-2	西汉双栓铜矛							√	√			
130	石甲 M3 ：103/石三 65	西汉双栓铜矛					√		√	√	√		
131	石甲 M3 ：103/石三 95	西汉双栓铜矛					√			√			
132	石甲 M3 ：104/石三 67-2	西汉双栓铜矛					√		√	√			
133	石甲 M3 ：106-1/石三 69	西汉双栓铜矛		√					√	√			
134	石甲 M3 ：107/石三 75-1	西汉双栓铜矛								√			
135	石甲 M3 ：109/石三 70-1	西汉双栓铜矛							√	√			
136	石甲 M3 ：110-1/石三 77	西汉双栓铜矛		√					√	√			
137	石甲 M3 ：110-2/石三 77	西汉双栓铜矛					√		√	√			
138	石甲 M4 ：11	西汉铜牛头		√					√	√		√	√
139	石甲 M3 ：104/石三 72-1	西汉铜牛头		√			√		√	√			
140	石甲 M3 ：147-2/石三 90	西汉铜剑鞘头		√	√	√				√	√		
141	石甲 M3 ：104/石三 67-1	西汉双栓铜矛		√			√			√			
142	石甲 M3 ：153/石三 86-1	西汉铜镦		√					√	√			

（续表）

序号	文物编号	文物名称	碎裂断裂	残缺	变形	裂隙	全面腐蚀	点腐蚀	矿化	表面硬结物	孔洞	层状堆积	修复材料老化
143	石甲 M3 ：153/石三 86-2	西汉铜镦							√	√	√	√	
144	石甲 M3 ：133-1/石三 78	西汉铜斧			√		√		√	√	√		
145	石甲 M3 ：156/石三 103	西汉铜鱼杖头							√	√		√	
146	石甲 M3 ：126/石三 93	西汉小铜斧		√			√		√	√			
147	石甲 M3 ：162/石三 106	西汉小铜矛		√			√		√	√			
148	石甲 M4 ：34	西汉圆形铜扣饰					√		√	√			√
149	石甲 M4 ：12	西汉长方形铜扣饰		√			√			√			√
150	石甲 M4 ：48	西汉八棱铜棒							√	√	√		
151	石甲 M4 ：38	西汉单栓铜斧					√			√			
152	石甲 M5 ：2	西汉单栓铜斧							√	√			
153	石甲 M5 ：30	西汉单栓铜矛							√	√			
154	石甲 M3 ：12	西汉镀锡蛇形铜叉					√		√	√			
155	石一（号不清）	西汉镀锡铜牛头		√			√			√			
156	石甲 M3 ：139	西汉镀锡叶脉纹铜锄					√						√
157	石甲 M3 ：87	西汉镀锡鸳鸯铜戈		√		√	√		√	√			
158	石甲 M1 ：18	西汉刻牛头孔雀纹铜锄					√			√			
159	石甲 M5 ：29	西汉鸟纹太阳纹铜斧		√					√	√			√
160	石甲 M4 ：41	西汉双栓铜矛		√					√	√			√
161	石甲 M5 ：18-1	西汉铜柄铁剑残剑柄		√					√	√			
162	石甲 M5 ：18-2	西汉铜柄铁剑铜鞘头		√					√	√	√		
163	石甲 M3 ：76	西汉铜带扣					√			√			√
164	石甲 M5 ：12	西汉铜灯					√			√			
165	石甲 M5 ：22	西汉铜镦		√						√			
166	石甲 M5 ：19	西汉铜斧				√			√	√			
167	石甲 M5 ：6	西汉铜戈		√			√		√	√			

（续表）

序号	文物编号	文物名称	碎裂断裂	残缺	变形	裂隙	全面腐蚀	点腐蚀	矿化	表面硬结物	孔洞	层状堆积	修复材料老化
168	石甲 M5 ： 7	西汉铜戈							√	√			
169	石甲 M5 ： 26	西汉铜戈		√					√	√			√
170	石甲 M3 ： 89	西汉铜镰刀		√			√						√
171	石甲 M5 ： 10	西汉无格铜剑	√						√	√			
172	石甲 M5 ： 23	西汉五铢铜钱							√	√			
173	石甲 M5 ： 8	西汉小铜斧		√					√	√			
174	石三 85-1A	西汉鱼尾铜斧		√			√			√			√
175	江李 M23 ： 39	战国镀锡铜鼓形杖头		√			√			√			
176	江李 M18 ： 8	战国镀锡铜牛头		√		√			√	√			
177	江李 M18 ： 9	战国镀锡铜牛头		√		√			√	√			
178	江李 M17 ： 14	战国立牛铜伞盖		√					√	√			
179	江李 M21 ： 94	战国镂空铜锤			√				√	√			
180	江李 M23 ： 9	战国铜立牛		√						√			
181	江李 M13 ： 12	战国铜牛角							√	√			
182	江李 M22 ： 7	战国铜刷形器							√	√			
183	江李 M23 陈还无号	战国卧牛铜杖头								√			
184	石甲 M6 ： 98	西汉单栓铜斧					√		√	√			
185	石甲 M6 ： 91-1	西汉镀锡八棱铜棒							√	√			
186	石甲 M6 ： 91-2	西汉镀锡八棱铜棒							√	√			
187	石甲 M6 ： 98-1	西汉镀锡方銎小铜斧		√						√			
188	石甲 M6 ： 98-2	西汉镀锡方銎小铜斧							√	√			
189	石甲 M6 ： 90	西汉镀锡曲援铜戈		√				√	√	√			
190	石甲 M6 ： 96	西汉镀锡蛇形铜叉		√					√	√			
191	石甲 M6 ： 96-1	西汉镀锡蛇形铜叉		√					√	√			
192	石甲 M6 ： 92-1	西汉镀锡双栓铜矛							√	√			
193	石甲 M6 ： 84	西汉镀锡双栓铜矛		√				√	√	√			
194	石甲 M6 ： 83	西汉镀锡双栓小铜矛							√	√	√		
195	石甲 M6 ： 101-1	西汉镀锡铜戈							√	√			

（续表）

序号	文物编号	文物名称	碎裂断裂	残缺	变形	裂隙	全面腐蚀	点腐蚀	矿化	表面硬结物	孔洞	层状堆积	修复材料老化
196	石甲 M6 ： 101-2	西汉镀锡铜戈		√					√	√			
197	石甲 M6 ： 18	西汉镀锡铜鼓形小凿		√					√	√			
198	石甲 M6 ： 99	西汉镀锡铜矛							√	√			
199	石甲 M6 ： 26	西汉镀锡铜牛头	√	√						√			
200	石甲 M6 ： 63-1	西汉镀锡铜牛头							√	√			
201	石甲 M6 ： 63-2	西汉镀锡铜牛头				√			√	√			
202	石甲 M6 ： 57	西汉镀锡铜削		√					√	√			
203	石甲 M6 ： 39	西汉刻虎纹铜剑	√	√					√	√			
204	石甲 M6 ： 29	西汉人头柄铜剑		√					√	√			
205	石甲 M7 ： 44	西汉蛇柄铜剑		√						√			
206	石甲 M6 ： 73	西汉双栓铜矛							√	√			
207	石甲 M6 ： 28	西汉铜带扣							√	√			
208	石甲 M6 ： 69	西汉铜镦			√				√	√			
209	石甲 M6 ： 103	西汉铜镦							√	√			
210	石甲 M6 ： 103-1	西汉铜镦							√	√			
211	石甲 M6 ： 103-2	西汉铜镦		√					√	√			
212	石甲 M6 ： 97-1	西汉铜狼牙棒					√		√	√			
213	石甲 M6 ： 97-2	西汉铜狼牙棒					√		√	√			
214	石甲 M6 ： 56	西汉铜牛		√					√	√			
215	石甲 M6 ： 17	西汉铜牛头		√					√	√			
216	石甲 M6 ： 59	西汉铜戚		√					√	√			
217	石甲 M6 ： 80-1	西汉铜鱼杖头		√					√	√			√
218	石甲 M6 ： 80-2	西汉铜鱼杖头					√		√	√	√		
219	石甲 M6 ： 92-2	西汉无格铜剑		√			√		√	√			
220	石甲 M6 ： 43	西汉无格铜剑	√	√	√				√	√			
221	石甲 M6 ： 72	西汉无格铜剑		√					√	√			
222	石甲 M6 ： 74	西汉无格铜剑		√						√			
223	石甲 M6 ： 76	西汉无格铜剑		√					√	√			
224	石甲 M6 ： 79	西汉无格铜剑		√				√	√	√			
225	石甲 M6 ： 51	西汉镶石柄铜剑				√			√	√			√
226	石甲 M6 ： 94-1	西汉叶脉纹铜锄					√		√	√			

（续表）

序号	文物编号	文物名称	碎裂断裂	残缺	变形	裂隙	全面腐蚀	点腐蚀	矿化	表面硬结物	孔洞	层状堆积	修复材料老化
227	石甲 M6 ：94-2	西汉叶脉纹铜锄					√		√	√			
228	石甲 M6 ：62	西汉一字格铜剑		√	√				√	√			
229	石甲 M6 ：77	西汉一字格铜剑							√	√		√	
230	石甲 M6 ：78	西汉一字格铜剑		√					√	√			
231	石甲 M7 ：3	西汉八棱铜狼牙棒							√	√	√		
232	石甲 M7 ：13	西汉八栓铜矛								√			√
233	石甲 M6 ：124-1	西汉镀锡尖叶形铜锄							√	√			
234	石甲 M6 ：124-4	西汉镀锡尖叶形铜锄							√	√			
235	石甲 M6 ：123	西汉镀锡卷刃铜锄				√				√			√
236	石甲 M6 ：123-1	西汉镀锡卷刃铜锄		√					√	√			
237	石甲 M6 ：132	西汉镀锡立牛铜啄			√				√	√			
238	石甲 M6 ：124-2	西汉镀锡六边形铜锄							√	√			
239	石甲 M6 ：124-3	西汉镀锡六边形铜锄							√	√			
240	石甲 M6 ：104-1	西汉镀锡铜锛		√						√			
241	石甲 M6 ：104-2	西汉镀锡铜锛					√		√	√			
242	石甲 M7 ：38	西汉镀锡铜剑			√				√	√			
243	石甲 M6 ：106	西汉镀锡铜钺		√	√				√	√			
244	石甲 M6 ：88	西汉立牛铜矛		√	√				√	√			
245	石甲 M7 ：5	西汉立牛铜啄							√	√			
246	石甲 M7 ：8	西汉立猪铜矛								√			√
247	石甲 M7 ：52	西汉曲刃铜戈			√		√		√	√			
248	石甲 M6 ：20/石六 12-1	西汉双栓铜矛		√						√		√	
249	石甲 M6 ：20/石六 12-4	西汉双栓铜矛							√	√			
250	石甲 M7 ：11	西汉双栓铜矛							√	√	√		
251	石甲 M7 ：12	西汉双栓铜矛							√	√			
252	石甲 M7 ：14	西汉双栓铜矛								√			
253	石甲 M7 ：16	西汉双栓铜矛			√				√	√			

（续表）

序号	文物编号	文物名称	碎裂断裂	残缺	变形	裂隙	全面腐蚀	点腐蚀	矿化	表面硬结物	孔洞	层状堆积	修复材料老化
254	石甲 M7 ： 15	西汉水鸟铜啄		√					√	√			
255	石甲 M7 ： 59	西汉鹈鹕衔鱼铜戚					√			√			
256	石甲 M6（无号）	西汉鹈鹕衔鱼铜钺		√					√	√			
257	石甲 M7 ： 2	西汉铜棒							√	√			
258	石甲 M7 ： 1	西汉铜柄铁剑铜鞘头							√	√	√		
259	石甲 M7 ： 42	西汉铜剑			√				√	√			
260	石甲 M7 ： 49	西汉铜剑			√		√		√	√			
261	石甲 M7 ： 54	西汉铜剑			√		√		√	√			
262	石甲 M7 ： 57	西汉铜剑			√		√		√	√			
263	石甲 M7 ： 7	西汉铜矛							√	√	√		
264	石甲 M6 ： 20/石六 12-2	西汉铜矛		√						√			
265	石甲 M6 ： 20/石六 12-3	西汉铜矛		√						√		√	√
266	石甲 M7 ： 10	西汉铜矛							√	√			
267	石甲 M7 ： 48	西汉铜矛					√		√	√			
268	石甲 M7 ： 21-1	西汉铜牛头		√					√	√			
269	石甲 M7 ： 21-2	西汉铜牛头				√				√			
270	石甲 M7 ： 20	西汉铜削			√				√	√			
271	石甲 M7 ： 6	西汉铜鱼杖头							√	√	√		
272	石甲 M7 ： 45	西汉巫师纹柄铜剑		√			√		√	√			
273	石甲 M7 ： 56	西汉巫师纹柄铜剑		√			√			√			
274	石甲 M6 ： 29	西汉无格铜剑		√	√					√			
275	石甲 M7 ： 41	西汉一字格铜剑							√	√			
276	石甲 M7 ： 43	西汉一字格铜剑		√			√		√				
277	石甲 M6 ： 98	西汉鱼尾铜斧		√					√	√			
278	石甲 M6 ： 134（？）	西汉鱼尾铜斧							√	√			
279	石甲 M6 ： 136	西汉圆形铜扣饰							√	√			
280	石甲 M13 ： 277 底	西汉铜矛							√	√			
281	石甲 M13 ： 232	西汉立豹铜斧		√						√			

（续表）

序号	文物编号	文物名称	碎裂断裂	残缺	变形	裂隙	全面腐蚀	点腐蚀	矿化	表面硬结物	孔洞	层状堆积	修复材料老化
282	石甲 M13 ：268 底	西汉镀锡铜牛头		√					√	√			
283	石甲 M13 ：164 底	西汉穿山甲铜斧		√						√			
284	石甲 M12 ：15	蛇形铜叉		√			√			√			
285	石甲 M12 ：16/ 石十二 13-1	立兽铜啄					√		√	√			
286	石甲 M13 ：284 底 / 石十三 136	狼牙铜棒					√		√	√			
287	石甲 M16 ：12/ 石十六 23	镀锡铜钺							√	√			
288	石甲 M13 ：53/ 石十二 139	八棱铜棒			√	√			√	√			
289	石甲 M6 ：64	不对称铜钺					√		√	√			
290	石甲 M12 ：6/ 石十二 180A	西汉雉饰铜斧					√			√			√
291	石甲 M6 ：16/ 石六 11	西汉长方形卷云纹铜扣饰		√					√	√			
292	石甲 M6 ：29	西汉铜剑	√	√					√	√			
293	石甲 M13 ：292/ 石十三 214A	西汉立兔铜銎					√			√			
294	石甲 M12 ：19/ 石十二 137-2	西汉举手人纹铜戈		√						√			
295	石 M23 ：30/ 石十三 3A	铜灯							√	√			
296	江李 M20 ：20	虎噬猪铜扣饰				√			√	√			
297	石甲 M13 ：179 底 / 石十三 221A	西汉镀锡单栓铜斧							√	√			
298	石甲 M13 ：179/ 石十三 206A	西汉镀锡单栓铜斧							√	√			
299	石甲 M13 ：94/ 石十三 186A	西汉镀锡猴柄铜剑		√			√			√			
300	石甲 M13 ：203 底 / 石十三 175A	西汉镀锡举手人纹铜戈							√	√			

（续表）

序号	文物编号	文物名称	碎裂断裂	残缺	变形	裂隙	全面腐蚀	点腐蚀	矿化	表面硬结物	孔洞	层状堆积	修复材料老化
301	石甲M13 ：299 底 / 石十三 177A	西汉镀锡鸟头形铜矛							√	√			
302	石甲M13 ：299 底 / 石十三 178A	西汉镀锡鸟头形铜矛							√	√			
303	石甲 M20 ：14/ 石二十 2A	西汉镀锡女俑铜杖头								√			
304	石 M33 ：3/ 石三十三 3	西汉蟾蜍纹铜斧		√					√	√			
305	石甲 M12 ：131/ 石十二 159A	西汉单栓铜斧							√	√			
306	石甲 M12 ：161/ 石十二 51	西汉镀锡小铜斧		√					√	√			
307	石甲 M12 ：161/ 石十二 116-1.2	西汉镀锡小铜凿		√					√	√			
308	石甲M13 ：176 底 / 石十三 184A	西汉镀锡鱼尾铜斧							√	√			
309	石 M33 ：2/ 石三十三 2	西汉二虎纹铜戈							√	√			
310	石甲M13 ：181 底 / 石十三 166A-1	西汉镀锡曲刃铜戈							√	√			
311	石甲M13 ：181 底 / 石十三 166A-2	西汉镀锡曲刃铜戈							√	√			
312	石甲M13 ：210 底 / 石十三 26	西汉镀锡三兽铜斧		√					√	√			
313	石甲 M13 ：212/ 石十三 209A	西汉镀锡鹅鹕铜钺							√	√			
314	石甲M13 ：154 底 / 石十三 181A	西汉镀锡鹅鹕衔鱼铜钺		√					√	√			
315	石甲 M12 ：166/ 石十二 129A-1	西汉镀锡铜镦					√			√			

（续表）

序号	文物编号	文物名称	碎裂断裂	残缺	变形	裂隙	全面腐蚀	点腐蚀	矿化	表面硬结物	孔洞	层状堆积	修复材料老化
316	石甲 M13 ：183 底 / 石十三 176A-1	西汉举手人纹铜戈							√	√			
317	石甲 M13 ：233 底 / 石十三 187A	西汉刻豹纹铜剑		√					√	√			
318	石甲 M13 ：149 底 / 石十三 179A	西汉刻纹铜叉					√			√			
319	石甲 M13 ：72/ 石十三 25	西汉刻纹铜矛					√			√			
320	石甲 M13 ：253 底 / 石十三 212A	西汉立兽铜斧								√			
321	石十二 131A	西汉立兽铜钺					√		√	√			
322	石甲 M12 ：31/ 石十二 32	西汉柳叶形铜矛	√							√			√
323	石甲 M12 ：126/ 石十二 234	西汉方銎铜锄		√					√	√			
324	石甲 M22 ：4/ 石二十二 1A	西汉虎鼠蝉纹柄铜剑		√					√	√			
325	安太 M1 ：13-1（原为“安太 M1 ：13”）	西汉尖叶形铜锄		√					√	√			
326	石甲 M13 ：178 底 / 石十三 195A	西汉举手人纹铜戈							√	√			
327	石甲 M12 ：123/ 石十二 80	西汉叶脉纹铜锄		√					√	√			
328	石十二 107	西汉一字格曲刃铜剑					√			√			√
329	石甲 M13 ：275/ 石十三 202A	西汉铜鼓形器盖								√			
330	石甲 M12 ：122/ 石十二 63	西汉叶脉纹铜锄		√					√	√			
331	石甲 M12 ：166/ 石十二 129A-2	西汉镀锡铜镦								√			

（续表）

序号	文物编号	文物名称	碎裂断裂	残缺	变形	裂隙	全面腐蚀	点腐蚀	矿化	表面硬结物	孔洞	层状堆积	修复材料老化
332	石甲M13：197底/石十三216-1	西汉镀锡铜狼牙棒							√	√			
333	石甲M12：31/石十二182-3A	西汉柳叶形铜矛					√			√			
334	石甲M13：158底/石十三203A	西汉铜斧					√		√	√			
335	石甲M12：31/石十二182-2A	西汉柳叶形铜矛		√						√			√
336	石甲M13：88/石十三219A	西汉铜镦					√			√			
337	石甲M13：117底/石十三13-1	西汉铜剑鞘头					√		√	√			
338	石甲M13：318/石十三215A	西汉铜块							√	√			
339	石甲M12：159/石十二184A	西汉铜牛头							√	√			
340	石甲M12：31/石十二182-1A	西汉柳叶形铜矛			√	√			√	√		√	
341	石甲M12：31/石十二33-5	西汉柳叶形铜矛		√						√		√	
342	石甲M12：140/石十二145A	西汉双栓铜矛							√	√			
343	石甲M13：152底/石十三75-2	西汉双栓刻凤纹铜矛			√		√			√			
344	石甲M13：360底/石十三168A	西汉蛇头形铜器盖					√			√			
345	石甲M13：177/石十三229	西汉三角形铜锄							√	√			
346	石甲M13：363底/石十三171A	西汉人头纹铜矛		√						√			
347	石甲M12：31/石十二182-4A	西汉柳叶形铜矛							√	√			

（续表）

序号	文物编号	文物名称	碎裂断裂	残缺	变形	裂隙	全面腐蚀	点腐蚀	矿化	表面硬结物	孔洞	层状堆积	修复材料老化
348	石甲 M12 ： 31/ 石十二 33-4	西汉柳叶形铜矛		√						√			√
349	石甲 M12 ： 31/ 石十二 33-3	西汉柳叶形铜矛		√						√			√
350	石甲 M12 ： 31/ 石十二 33-2	西汉柳叶形铜矛		√		√				√			√
351	石甲 M12 ： 31/ 石十二 33-1	西汉柳叶形铜矛		√					√	√			√
352	石甲 M12 ： 130/ 石十二 141A？	西汉立鼠铜斧							√	√			
353	石甲 M13 ： 197 底 / 石十三 216-2	西汉镀锡铜狼牙棒							√	√	√		
354	石甲 M13 ： 285 底 / 石十三 217A	西汉镀锡八棱铜棒							√	√			
355	石甲 M13 ： 220 底 / 石十三 208A	西汉镀锡八棱铜棒								√			√
356	石甲 M12 ： 134/ 石十二 158-3A	西汉单栓铜斧							√	√			
357	石甲 M12 ： 133/ 石十二 158-2A	西汉单栓铜斧							√	√			
358	石甲 M12 ： 133/ 石十二 158-1A	西汉单栓铜斧		√					√	√			
359	石甲 M6 ： 85	西汉镀锡双栓铜矛					√		√	√			
360	石甲 M12 ： 31/ 石十二 8	西汉镀锡双栓铜矛		√						√			√
361	石甲 M12 ： 80/ 石十二 165A	西汉镀锡铜斧							√	√			
362	石十三 198A	西汉立兽铜啄		√		√				√			√
363	石甲 M12 ： 4/ 石十二 161A-1	西汉穿山甲饰铜戈					√		√	√			
364	石甲 M12 ： 4/ 石十二 161A-2	西汉穿山甲饰铜矛					√		√	√			
365	石甲 M20 ： 9/ 石二十 1A	西汉镀锡孔雀 铜杖头		√		√				√			

（续表）

序号	文物编号	文物名称	碎裂断裂	残缺	变形	裂隙	全面腐蚀	点腐蚀	矿化	表面硬结物	孔洞	层状堆积	修复材料老化
366	石甲 M13 ：205 底 / 石十三 199A	西汉镀锡立牛铜啄		√		√				√			
367	石甲 M12 ：16/ 石十二 13-2	西汉镀锡立兽铜啄					√		√	√			√
368	石甲 M14 ：18/ 石十四 7	西汉铜勺		√					√	√			√
369	石甲 M12 ：82/ 石十二 119A	西汉铜銎铁斧								√			
370	石二十一 66	西汉铜牛		√		√			√	√			√
371	石甲 M12 ：146/ 石十二 155A	西汉铜铃		√						√		√	
372	石甲 M16 ：30/ 石十六 27	西汉长颈铜瓶		√					√	√			
373	石甲 M12 ：79/ 石十二 120A	西汉靴形铜钺		√					√	√			
374	石甲 M12 ：83/ 石十二 172A	西汉小铜斧		√						√			
375	石二十 5A	西汉犀鸟铜杖头								√			
376	石十七 6A	西汉铜削		√						√			
377	石甲 M12 ：13/ 石十二 132-2A	西汉八棱铜棒					√		√	√			
378	石甲 M13 ：166 底 / 石十三 182A	西汉豹饰铜钺		√						√			
379	石甲 M13 ：105 底 / 石十三 183A	西汉豹衔蛇铜钺		√						√		√	
380	石甲 M12 ：15/ 石十二 12-2	西汉镀锡蛇形铜叉		√		√			√	√			
381	石甲 M12 ：151/ 石十二？ 7	西汉镀锡铜甲虫								√			√
382	石甲 M12 ：14-1/ 石十二 142A	西汉镀锡铜狼牙棒					√		√	√			
383	石甲 M12 ：14-2/ 石十二 142A	西汉镀锡铜狼牙棒					√			√			

（续表）

序号	文物编号	文物名称	碎裂断裂	残缺	变形	裂隙	全面腐蚀	点腐蚀	矿化	表面硬结物	孔洞	层状堆积	修复材料老化
384	石甲M13 ：111 底 /石十三 167A	西汉镀锡铜牛头		√					√	√			
385	石甲 M20 ：17/石二十 10A	西汉镀锡铜牛头							√	√			
386	昆磷 30-4A	西汉鸡形铜杖头		√						√			
387	石甲 M12 ：18/石十二 136-2	西汉举手人纹铜戈		√			√		√	√			
388	石甲 M12 ：19/石十二 173	西汉举手人纹铜戈		√	√		√		√	√			
389	石甲 M12 ：21/石十二 17-2	西汉举手人纹铜戈					√		√	√			
390	石甲 M12 ：21/石十二 171A-1A	西汉举手人纹铜戈								√			
391	石甲 M12 ：95/石十二 45	西汉铜锛		√					√	√			
392	石甲 M12 ：98/石十二 122A	西汉铜锛								√			
393	石甲 M12 ：65/石十二 235	西汉铜斧								√			
394	石甲 M12 ：84/石十二 140A	西汉铜斧								√			
395	石甲 M12 ：87/石十二 139A	西汉铜斧								√			
396	石甲 M12 ：105/石十二 121A	西汉铜斧					√		√	√			
397	石甲 M12 ：10/石十二 70	西汉铜戈	√				√		√	√			√
398	石甲 M12 ：71/石十二 179	西汉铜锛							√	√			
399	石甲 M12 ：9/石十二 135A	西汉镀锡铜戈					√		√	√			
400	石甲 M12 ：9/石十二 87	西汉镀锡铜戈					√		√	√			
401	石甲 M12 ：13/石十二 132-1A	西汉八棱铜棒					√		√	√			

（续表）

序号	文物编号	文物名称	碎裂断裂	残缺	变形	裂隙	全面腐蚀	点腐蚀	矿化	表面硬结物	孔洞	层状堆积	修复材料老化
402	石甲 M12 ： 21/ 石十二 171A-2A	西汉举手人纹铜戈								√			
403	石甲 M12 ： 99/ 石十二 163A	西汉人头纹铜斧		√						√			
404	石甲 M12 ： 6/ 石十二 108A	西汉立兔铜斧					√			√			
405	石甲 M12 ： 6-1/ 石十二 186A	西汉立兔铜斧								√			
406	石甲 M12 ： 8/ 石十二 232	西汉曲刃铜戈			√		√		√	√			
407	石甲 M12 ： 21/ 石十二 233	西汉曲刃铜戈		√						√			
408	石十七 4A	西汉铜工字形器	√						√	√			
409	石甲 M12 ： 17/ 石十二 77	西汉四兽铜啄					√		√	√			
410	石甲 M12 ： 17/ 石十二 153A	西汉四兽铜啄					√		√	√			
411	石甲 M12 ： 31/ 石十二 146A	西汉双栓铜矛			√					√			
412	石甲 M12 ： 37/ 石十二 179-2A	西汉鸟头形铜矛								√			
413	石甲 M12 ： 37/ 石十二 179-1A	西汉鸟头形铜矛								√			
414	石甲 M12 ： 92/ 石十二 104	西汉鸟头形銎铜斧		√		√				√			
415	石二十 16-5	西汉镶石铜镯								√		√	
416	石二十 16-2	西汉镶石铜镯								√		√	
417	石二十 15A-2	西汉铜柄铁爪镰		√		√				√		√	
418	石二十 15A-1	西汉铜柄铁爪镰		√						√		√	
419	石甲 M10 ： 77	西汉八栓铜矛							√	√			
420	石甲 M10 ： 68	西汉单栓铜锛								√			
421	石甲 M7 ： 66	西汉单栓铜斧					√		√	√			
422	石甲 M10 ： 1	西汉单栓铜斧							√	√			
423	石甲 M10 ： 55	西汉镀锡三牛铜啄		√					√	√			
424	石甲 M10 ： 85	西汉镀锡铜矛							√	√			

（续表）

序号	文物编号	文物名称	碎裂断裂	残缺	变形	裂隙	全面腐蚀	点腐蚀	矿化	表面硬结物	孔洞	层状堆积	修复材料老化
425	石甲 M10 ： 84	西汉镀锡铜凿		√						√			
426	石甲 M10 ： 39	西汉二豹铜戈							√	√			
427	石甲 M7 ： 60	西汉二兽铜斧		√			√		√	√			
428	石甲 M7 ： 67	西汉二兽铜戈		√			√		√	√			
429	石甲 M10 ： 52	西汉铜鱼杖头							√	√			
430	石甲 M10 ： 6	西汉铜牛头		√					√	√			
431	石甲 M10 ： 36-2	西汉铜牛头		√					√	√			
432	石甲 M10 ： 36-1	西汉铜牛头							√	√			
433	石甲 M10 ： 49	西汉铜戈							√	√			
434	石甲 M7 ： 61-1	西汉铜戈				√	√		√	√			√
435	石甲 M7 ： 61-2	西汉铜戈					√		√	√			
436	石甲 M10 ： 41	西汉铜戈							√	√			
437	石甲 M10 ： 42	西汉铜戈							√	√			
438	石甲 M10 ： 63	西汉铜戈							√	√			
439	石甲 M7 ： 69	西汉鹈鹕衔鱼铜钺		√	√					√			
440	石甲 M10 ： 66	西汉铜斧							√	√			
441	石甲 M7 ： 68	西汉鱼尾铜斧					√		√	√			
442	石甲 M10 ： 53	西汉鱼尾铜斧							√	√			
443	石甲 M7 ： 70	西汉叶脉纹条形铜锄		√					√	√			
444	石甲 10 ： 73	西汉镶石铜饰牌		√					√	√			
445	石甲 M10 ： 59-2	西汉铜矛							√	√			√
446	石甲 M10 ： 37	西汉铜矛							√	√			
447	石甲 M10 ： 72	西汉铜铃			√				√	√	√		
448	石甲 M10 ： 56	西汉铜狼牙棒							√	√			
449	石甲 M10 ： 64	西汉铜戈							√	√			√
450	石甲 M7 ： 58	西汉铜锄					√		√	√			
451	石甲 M10 ： 65	西汉铜锛							√	√			
452	石甲 M9 ： 18	西汉铜锛		√					√	√			
453	石甲 M7 ： 63	西汉铜锛					√		√	√			
454	石甲 M10 ： 57	西汉铜棒							√	√			
455	石甲 M10 ： 43	西汉四兽铜斧							√	√			

（续表）

序号	文物编号	文物名称	碎裂断裂	残缺	变形	裂隙	全面腐蚀	点腐蚀	矿化	表面硬结物	孔洞	层状堆积	修复材料老化
456	石甲 M10 ： 59-1	西汉双栓铜矛							√	√			
457	石甲 M10 ： 38	西汉双栓铜矛							√	√			
458	石甲 M9 ： 3	西汉双栓铜矛								√	√	√	
459	石甲 M7 ： 18/石七 1	西汉双栓铜矛					√		√	√			
460	石甲 M10 ： 67	西汉双栓铜镈							√	√			
461	石甲 M10 ： 69	西汉铜斧		√	√					√			
462	石甲 M10 ： 62	西汉蛇形铜叉							√	√			√
463	石甲 M9 ： 5	西汉铜泡钉			√	√			√	√			
464	石甲 M9 ： 4	西汉铜泡钉							√	√		√	√
465	石甲 M7 ： 82	西汉立耳铜釜			√				√	√			
466	石甲 M7 ： 64	西汉方銎铜斧					√		√	√			
467	石甲 M6 ： 111	西汉长方形卷云纹铜扣饰							√	√			

结　语

云南省博物馆馆藏青铜文物保护修复项目得到博物馆领导的高度重视，成立了专门的保护修复小组，并制定了详细的工作计划和方案。项目的实施全面调动了相关专家学者和技术人员，利用先进的科学技术手段对馆藏青铜文物进行全面细致的调查和研究。通过广泛采用化学清洗、物理修复、金属材料补缺等多种综合性的修复措施，圆满完成了467件（套）青铜文物的本体保护修复，极大地提升了云南省博物馆馆藏青铜文物的保护修复水平，也为以后类似项目的实施提供了宝贵的经验和参考。

文物保护修复工作是一项长期而艰巨的任务，云南省博物馆将继续致力于文物的保护与修复工作，加强与国内外相关专业机构和单位的合作，开展更深入广泛的学术交流与合作，吸纳更多优秀的保护修复技术和经验。项目的结项标志着新的起点，云南省博物馆将进一步加强科研与实践相结合，推动文物保护修复工作的专业化和标准化，以期不断提升文物保护修复能力。